死ぬまでに 行きたい！ 世界の絶景

体験編

詩 歩
Shiho

sansaibooks

目 次

はじめに

『死ぬまでに行きたい！世界の絶景 体験編』をお手にとっていただき、ありがとうございます。2013年から毎年刊行してきたこのシリーズも、読者のみなさまのおかげで、もう4冊目。たくさんの方にご覧いただける本へと成長いたしました。毎回、我が子を生むような気持ちで、苦しみ、もがき、そしてワクワクドキドキしながら世の中へと送り出しています。

このシリーズは、2012年にわたしが、タイトルのとおり「死ぬまでに行きたい」と思った世界中の絶景をFacebookページで発信したことから始まりました。あれから4年。あの頃「死ぬまでに行きたい」と思っていた絶景地に、少しずつではありますが、「死ぬまでに行く」ことができています。

でも最近、絶景を旅してまわりの旅行客の方々を見る中で、よく感じることがあります。それは、絶景地に到着しても、ガイドブックと同じ構図を「見る」だけで、すぐに次のポイントへ行ってしまう方がとても多いことです。本と同じ風景をこの目で見られるのはもちろん楽しいことです。しかし、せっかく時間とお金をかけて来たのに、写真と同じ景色しか見られないのは、非常にもったいないことだなぁとわたしは思ってしまいます。

先日、本書にも掲載したアンブレラ・スカイ・プロジェクト（p32）というイベントを見るために、ポルトガルまで行ってきました。商店街の空を埋め尽くすように、無数のカラフルな傘が飾られている絶景です。行く前に、参考として友だちに話を聞いたところ、「ここは2時間あれば十分！　長くいてもすることないよ」と言われました。「本当かな……？」と少し引っかかったので、絶景ハンターとして最低丸1日はここで過ごそうと思い、この街のホテルを予約して2日間滞在しました。

小さな、小さな街なので、アート作品以外、これといった観光名所はありません。同じ道を何度も往復して、街の人に怪しまれてしまうほど（笑）。多くの観光客が、入口から傘を眺め、写真を撮るだけですぐ帰ってしまう中で、わたしは傘の下にあるベンチに座って読書をしたり、街の人とお喋りしたり、夜中に開催されるフェスに参加してみたり、街の人が誰もいない朝イチに行って光景を独り占めして楽しんだりしました。

すると、傘の下を歩くと日射しが遮られとても気持ちがよいこと、1日の中で傘が一番きれいに見える時間帯は正午くらいであること、太陽光が射すと、傘の下の日陰がカラフルに染まること、商店街を通過するバイクのヘルメットに色とりどりの光が反射してとってもかわいいこと……etc. 実際にこの足で傘の下をゆっくりと歩きまわることで、写真で見るだけでは気づかなかった多くのことを体験することができました。

この経験から、わたしは絶景を「体験する」ことの大切さを改めて感じました。ガイドブックと同じ写真を目で「見る」だけが絶景ではありません。自分でその風景に入り込んで、360度全身で体験しつくさないと、もったいない！
この想いから、今回の本では写真で「見る」だけではなく、全身で「体験」したくなる絶景を、国内外から約60か所、選びました。

自ら飛び込むことで、渓谷の深さや川の清らかさを知ることができるバンジージャンプ、実際に入って自分の身長と比べることで、その巨大さを知ることができる洞窟探検、自分の足で歩いてみることで、人々の暮らしや文化、音、匂いを知ることができる街並み……。どれもこれも、自分で行って、見て、体験してほしい絶景ばかりです。

さあ、ページをめくって、あなたが体験したい絶景を見つけて、行って、遊びつくしてくださいね！
この本との出会いが、あなたと新しい絶景との「出会い」につながりますように。

詩 歩

───────

最後に、この本を製作するにあたりご協力いただいた写真家のみなさま、リアルな感想をお寄せくださった絶景体験者のみなさま、FacebookページやSNSでいつも「いいね！」やシェアのご支援をいただいているみなさま、本当にありがとうございます。また、「チーム絶景」のみなさんには、重ねて御礼申し上げます。ありがとうございました。

Photo by Shiho

本 書 の 使 い 方

本書はFacebookページ「死ぬまでに行きたい！世界の絶景」から誕生した写真集です。このFacebookページでは、本書の著者である詩歩が「死ぬまでに行きたい！」と思う国内外の絶景をご紹介しており、2012年4月の開設以降、世界中から70万人超のファンを集めています。

2013年以降書籍化され、一冊目の『死ぬまでに行きたい！世界の絶景』、二冊目の『日本編』、三冊目の『ホテル編』は多くの方に読んでいただき、ベストセラーとなりました。四作目となる『体験編』のテーマは、「遊べる絶景」。バンジージャンプなどのアクティビティやお祭りなどのイベント等、ただ見るだけではなく、特別な体験ができる絶景を集めました。過去Facebookページで多くの「いいね！」を集めた絶景に、新たに選抜した場所を加え、合計59か所をご紹介しています。

旅行情報も収録しており、アクセス方法やベストシーズン、予算の目安なども掲載していますので、写真集としてだけでなく、ガイドブックとしても活用していただけます。

なお、アクティビティツアーなどの予約につきましては、公式サイトの表示が英語のみといった場合、不安な方は旅行代理店等へ相談し、そのアクティビティが組み込まれているツアーを探したり、代理で手配してもらったりするようにしましょう。

写真と旅行情報を眺めながら実際に旅の準備を始めるもよし、頭の中で旅の妄想を膨らませるもよし。絶景を思いっきり楽しんでください！

絶 景 体 験 の カ テ ゴ リ ー

本書でご紹介する絶景体験は、下記のカテゴリーに分けてタグをつけています。体験したい絶景を探す際の参考にしてください。

○ **フィールドアクティビティ**：トレッキング、サイクリングなど地上で活動したり遊んだりする体験
○ **ウォーターアクティビティ**：ダイビング、クルーズなど、水中や水上で活動したり遊んだりする体験
○ **スカイアクティビティ**：パラグライダー、ヘリツアーなど、空中で活動したり遊んだりする体験

○ **街歩き**：世界遺産など美しい景観の街を歩く体験
○ **イベント**：景色を堪能できるお祭りや、期間限定の催しなど
○ **自然体験**：季節の花や星空、流氷など自然現象を鑑賞する体験
○ **動物体験**：自然の中で動物と触れ合ったり、希少動物を見学したりできる体験

❶ 絶景体験のカテゴリー（左記参照）。
❷ 絶景の大まかな位置を把握するための地図。
❸ 現地に行くためのアクセス方法を紹介。
❹ 「おすすめ！」は、現地に行った方々の体験談。「行きたい！」は、著者の詩歩からのコメント。
❺ 絶景体験やその周辺の観光を組み込んだ、旅のプランの一例。
❻ 絶景体験をするのにおすすめの季節（掲載写真の撮影時期以外の季節を含んでいる場合もあります）。
❼ 「たとえばこんな旅」のプランで旅行した場合のアクティビティ料金や交通費、宿泊料金の合計額の目安。飲食費や観光する場合に発生する細かい交通費などは、個人差があるので含まれていません（あくまで一例です。時期や部屋、交通手段などによって、異なる場合もあります）。
❽ 絶景体験をするにあたって持っていくと便利なものや注意点などを紹介しています。
❾ 絶景体験を行う場所の近くにある観光スポットやグルメ、アクティビティなどを紹介。
❿ 知っておくと「旅の楽しみがちょっとだけ増える」おまけ情報。

※本書のデータは、基本的に2016年3～6月のものです。諸事情により変更になっている場合があります。実際に旅行する際は、最新情報を現地にご確認ください。
※宿泊料金は特別な記載がなければ、絶景近くの市街地の、ホテルの価格の目安を表示しています。時期やレートにより変動もございますのでご了承ください。
※所要時間・費用・アクセスは目安です。状況やレートに応じて変わる場合があります。交通費などは、基本的に大人1名の料金を表示しています。
※掲載情報による損失などの責任は負いかねますので、あらかじめご了承ください。

Facebookページ
「死ぬまでに行きたい！世界の絶景」

https://www.facebook.com/
sekainozekkei

このページに「いいね！」を押してファンになっていただければ、更新情報を自分のタイムラインで読めるようになります。

絶景 01 ハイチ 【スカイアクティビティ】

ラバディのジップライン

青く輝く海に一直線！
爽快感満点のジップライン

ラバディ

絶景への ご案内

ラバディへは、ロイヤル・カリビアンが主催するクルーズツアーで行くことができる（下記サイト参照・日本語）。クルーズ船が出航するフォート・ローダー・デール港までは市街地からタクシーで約20分。港には多数の船舶が係留されているので、タクシーには船名を伝えるとよい。クルーズ中は、船内でアクティビティや、ショーを楽しもう。ラバディに到着するのは午前7〜8時ごろ、滞在は約8〜9時間。ドラゴンズ・ブレス・フライト・ラインに挑戦したり、マリンアクティビティを楽しんだり、カリブ海を堪能しよう。

http://www.royalcaribbean.jp/

📢おすすめ！　希泉さん（撮影者）
見事なカリブ ブルーに向かって滑走するジップラインは爽快感抜群♪ 詳しい体験記は私のBlogに書いています♫
http://ameblo.jp/hwi-love/entry-11988713118.html

たとえばこんな旅・7泊9日

1日目	成田 → ダラスで乗り換え → フォート・ローダー・デールへ（フォート・ローダー・デール泊）
2日目	タクシーでフォート・ローダー・デール港へ → 出港（船中泊）
3日目	終日クルージング・船内を散策、展望ジャグジーでリラックス（船中泊）
4日目	ラバディ着 → 自由行動・ドラゴンズ・ブレス・フライト・ライン（ジップライン）やパラセイルを楽しむ（船中泊）
5日目	ファルマス（ジャマイカ）着 → オプショナルツアーでファルマスとモンテゴベイを観光（船中泊）
6日目	終日クルージング・船内のエンターテインメントを楽しむ（船中泊）
7日目	フォート・ローダー・デール着 → 自由行動・フォート・ローダー・デールの街やビーチを散策（フォート・ローダー・デール泊）
8日目	フォート・ローダー・デール → ダラスで乗り換え → （機中泊）
9日目	成田着

おすすめの季節

11月から3月

1年中気温が高い。クルーズは年間を通して出航しているが、ハイチの気候が比較的安定している11〜3月の乾季がおすすめ。

旅の予算

約20万円から

フォート・ローダー・デールのホテルの宿泊料金は1泊約7000円〜。クルーズ料金は約5万円（5泊6日）〜。ラバディのドラゴンズ・ブレス・フライト・ラインの料金は約1万円、パラセイルの料金は約9000円、ファルマスのオプショナルツアーの料金は約5000円。

旅のポイント

ツアーに参加するだけで、カリブ海のリゾート地を効率よくまわることができ、多彩なアクティビティを堪能できる。ドラゴンズ・ブレス・フライト・ラインのスタート地点は、巨大クルーズ船とラバディの海を一望できるポイントでもあるので、ぜひ撮影を。アクティビティを楽しんだ後は、島内でバーベキュービュッフェも楽しめる。

すべて©ロイヤル・カリビアン・インターナショナル

+α のお楽しみ MORE FUN!

寄港地でのアクティビティも盛りだくさん！
カリブの各地のリゾートに寄港し、有料アクティビティやオプショナルツアーが楽しめる。申し込みは乗船後に船内の案内デスクでもできるが、人気のツアーは満席になることもあるので、事前予約を。

機能的で心地よいゲストルーム
全客室にソファ、ベッド、バスルームの設備があり快適な船旅を楽しめる。写真は客室のアシスタントスタンダードルーム。

クルーズ中もスポーツやエンターテインメントが楽しめる
船内ではプロスケーターのショーやミュージカルなども上演される。ロッククライミング場、ミニゴルフコーナーなど設備も充実、スパでリラックスしても。
※乗船する客船の種類により、エンターテインメントの内容は異なる。

おまけネタ アクティビティが盛りだくさんのクルーズツアーは海外で人気。ロイヤル・カリビアンのクルーズ料金には、航海運賃、客室使用料、基本の食事代、船内でのエンターテインメント代などが含まれている。ラバディに寄港するカリブ海クルーズには、日本人コーディネーターが乗船するコースもある。

(!) 旅の安全について

2016年6月時点で、外務省の「海外安全ホームページ」にて危険情報が発出されている地域については、「旅のポイント」で注意を促しています。ただ、日々状況は変動しますので、渡航をお考えの際は、海外安全ホームページの最新情報を確認されることをおすすめします。また、危険情報が出ていない地域でも、テロや犯罪行為、感染症の流行などが起こる可能性もありますので、現地の情報収集につとめ、慎重に行動しましょう。

海外安全ホームページ　http://www.anzen.mofa.go.jp/

絶景 <u>01</u>　　ラバディのジップライン ［スカイアクティビティ］　ハイチ

ラバディはハイチ北部にある、クルーズ会社所有のプライベート半島。クルーズ船の乗客のみが上陸でき、数々のマリンアクティビティを体験できる。中でもジップライン「ドラゴンズ・ブレス・フライト・ライン」が人気で、山の上からビーチの対岸までつながった、全長約790ｍのワイヤーにハーネスごとぶら下がり、ターザンのようなスタイルで青い海の上を爽快に駆け抜けることができる。

ラバディのジップライン

青く輝く海に一直線！
爽快感満点のジップライン

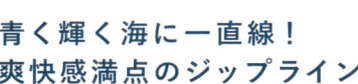

ラバディ

絶景への ご案内

ラバディへは、ロイヤル・カリビアンが主催するクルーズツアーで行くことができる（下記サイト参照・日本語）。クルーズ船が出航するフォート・ローダー・デール港までは市街地からタクシーで約20分。港には多数の船舶が係留されているので、タクシーには船名を伝えるとよい。クルーズ中は、船内でアクティビティや、ショーを楽しもう。ラバディに到着するのは午前7〜8時ごろ、滞在は約8〜9時間。ドラゴンズ・ブレス・フライト・ラインに挑戦したり、マリンアクティビティを楽しんだり、カリブ海を堪能しよう。

http://www.royalcaribbean.jp/

> 📣おすすめ！ 希泉さん（撮影者）
> 見事なカリブ海ブルーに向かって滑走するジップラインは爽快感抜群♪
> 詳しい体験記は私のBlogに書いています♫
> http://ameblo.jp/hwi-love/entry-11988713118.html

たとえばこんな旅 ▶ 7泊9日

1日目	成田 → ダラスで乗り換え → フォート・ローダー・デールへ（フォート・ローダー・デール泊）
2日目	タクシーでフォート・ローダー・デール港へ → 出港（船中泊）
3日目	終日クルージング・船内を散策、展望ジャグジーでリラックス（船中泊）
4日目	ラバディ着 → 自由行動・ドラゴンズ・ブレス・フライト・ライン（ジップライン）やパラセイルを楽しむ（船中泊）
5日目	ファルマス（ジャマイカ）着 → オプショナルツアーでファルマスとモンテゴベイを観光（船中泊）
6日目	終日クルージング・船内のエンターテインメントを楽しむ（船中泊）
7日目	フォート・ローダー・デール着 → 自由行動・フォート・ローダー・デールの街やビーチを散策（フォート・ローダー・デール泊）
8日目	フォート・ローダー・デール → ダラスで乗り換え →（機中泊）
9日目	成田着

おすすめの季節

11月から3月

1年中気温が高い。クルーズは年間を通して出航しているが、ハイチの気候が比較的安定している11〜3月の乾季がおすすめ。

旅の予算

約20万円から

フォート・ローダー・デールのホテルの宿泊料金は1泊約7000円〜。クルーズ料金は約5万円（5泊6日）〜、ラバディのドラゴンズ・ブレス・フライト・ラインの料金は約1万円、パラセイルの料金は約9000円、ファルマスのオプショナルツアーの料金は約5000円。

旅のポイント

ツアーに参加するだけで、カリブ海のリゾート地を効率よくまわることができ、多彩なアクティビティを堪能できる。ドラゴンズ・ブレス・フライト・ラインのスタート地点は、巨大クルーズ船とラバディの海を一望できるポイントでもあるので、ぜひ撮影を。アクティビティを楽しんだ後は、島内でバーベキュービュッフェが楽しめる。

+α のお楽しみ MORE FUN!

寄港地でのアクティビティも盛りだくさん！
カリブの各地のリゾートに寄港し、有料アクティビティやオプショナルツアーが楽しめる。申し込みは乗船後に船内の案内デスクでもできるが、人気のツアーは満席になることもあるので、事前予約を。

機能的で心地よいゲストルーム
全客室にソファ、ベッド、バスルームの設備があり快適な船旅を楽しめる。写真は客船オアシスのスタンダードルーム。

すべて©ロイヤル・カリビアン・インターナショナル

クルーズ中もスポーツやエンターテインメントが楽しめる
船内ではプロスケーターのショーやミュージカルなども上演される。ロッククライミング場、ミニゴルフコーナーなど設備も充実、スパでリラックスしても。
＊乗船する客船の種類により、エンターテインメントの内容は異なる。

おまけネタ アクティビティが盛りだくさんのクルーズツアーは海外で人気。ロイヤル・カリビアンのクルーズ料金には、航海運賃、客室使用料、基本の食事代、船内でのエンターテインメント代などが含まれている。ラバディに寄港するカリブ海クルーズには、日本人コーディネーターが乗船するコースもある。

カウアイ島のジップライン（アメリカ・ハワイ）

text：詩歩

バンジージャンプ（p23）は飛んですぐに後悔したほど高所恐怖症なわたし。そんなわたしでも好きになった高所アクティビティがあります。それが「ジップライン」！
どんなものか一言で表すなら、ターザン気分が味わえるアクティビティ。高所に張られたロープを、腰にくくりつけたハーネス1本で渡っていくのです。

初めてジップラインを体験したのは2014年11月。仕事でカウアイ島を訪れたときのことです。最初は「こんな怖いの、できるかー!!!」と思ったものの、そうは言っても仕事。やるしかありません。
ジップラインのある場所は、映画『ジュラシック・パーク2』や『インディー・ジョーンズ』のロケ地なんだそう。アクティビティツアーでしか立ち入ることができない秘境とあって、恐怖を感じつつも胸が高鳴ります。
4WDバギーに乗って、ジップラインがある場所へ向かうこと30分。木が生い茂るジャングルや濁流に突っ込んだかと思えば、地平線まで見渡せそうな草原を走り抜け、今にも恐竜が現れそうな環境に、テンションが上がります。

ゆるやかな坂を登ると、そこにはスタート地点が。高さ45mほどの場所に約100mのロープが張られています。ゴール地点で待機しているスタッフさんが、ゴマのように小さく見える……。そしてゴールまでの間には、ジャングルが広がっています。有無を言わせず、スタッフさんが腰にハーネスをつけ、そのハーネスをロープに合体させます。ここのジップラインは2人同時に飛ばなければならないため、一緒に飛ぶ人とタイミングを合わせなければいけません。そして、一番怖いのが、自分で飛び出さないといけないこと。万が一ロープがちゃんと装着されていなかったら、ジャングルに真っ逆さまです。
どうしよう、怖い……そう思っているうちに、一緒に飛んだTABIPPO小泉くんが、わたしに一切気を遣うことなく

思わずターザンの気分で「♪あ〜ああ〜」。

スタート！　スタッフさんに急かされ、「もう、どうにでもなれ〜っ」と、勢いよく飛び出しました。

最初は必死に腕でロープにぶら下がっていましたが、自分の体重を支える腕力が保てるわけがありません。思い切って腕の力を抜いて腰のハーネスに腰掛けるようにしてみると、あれ、これは大丈夫そうだ……楽しい！！！
普段見ることのない、ジャングルの真上というロケーションを、自転車を漕ぐくらいの適度なスピードでしゃーっと通っていきます。駆け抜ける風がとっても心地よくて、10秒くらいのフライト（？）も短く感じました。
今回のツアーは、異なるコースのジップラインを、3本楽しめるというもの。2本目からは、「イェーイ！」とハイテンションで飛び出し、両手を振りながら、ジップラインを満喫しました。同じジャングルでも、高さや長さが違うと、見える景色も違うんですよ！
ジップラインをきっかけに高所恐怖症を克服したいものですが……さすがに憧れのスカイダイビングへの道程は、まだまだ遠い!?

バギーでジャングルを抜けていきます。

カウアイ島滞在ブログもチェック！
http://shiho.me/288

※予約はアウトフィッターズ・カウアイの
　公式サイト（英文）より可能。
【DATA】
アウトフィッターズ・カウアイ
http://www.outfitterskauai.com/kipu-zipline-safari.php

絶景 02 　　グレートブルーホールでシュノーケリング［ウォーターアクティビティ］　ベリーズ

グレートブルーホールは、ベリーズ沖約100kmにある直径300m以上、深さ約130mの巨大な陥没穴。世界
2位の大きさを誇るサンゴ礁の中にあり、深い青色をたたえた姿は「カリブ海の宝石」と呼ばれる。約6万
5000年前の地殻変動で形成され、穴の側壁は鍾乳洞になっている。ブルーホールに海からアプローチする
シュノーケリングツアーが人気のほか、上空から見学するセスナツアー等も行われている。

絶景 03　　マウイ島のSUP体験［ウォーターアクティビティ］　アメリカ(ハワイ)

マウイ島はハワイ諸島で2番目に大きい島。波が穏やかで、海の広さに比して人が少ないことから、世界有数のSUP(スタンドアップ・パドル・サーフィン)の名所となっており、レースも多数開催されている。SUPとはサーフボードのようなボードの上に立ち、手に持ったパドルを漕いで海上を進むスポーツで、老若男女が楽しめることから、海外を中心に人気が高まっている。

絶景 02　ベリーズ　【ウォーターアクティビティ】

グレートブルーホールで
シュノーケリング

カリブ海に浮かぶ宝石に
吸い込まれてしまいそう

グレート
ブルーホール

ベリーズ

絶景への
ご案内

グレートブルーホールでのシュノーケリングは、現地の旅行会社が催行するツアーへの参加がおすすめ。ツアーはキー・カーカーやサンペドロの港から出発。青く美しい海上を航行すること2〜3時間で、グレートブルーホールに到着する。マスクやフィンなどを装着し、さっそく海にエントリー。海中に泳ぐ色とりどりの魚を眺めていると、時間が過ぎるのも忘れるほど。運がよければハンマーヘッドシャークなどの大物にも出会える。

美しい海と
神秘的な遺跡が
魅力のベリーズ

たとえばこんな旅 ▶ 3泊6日

1日目	成田 → ダラスで乗り継ぎ → ベリーズへ（ベリーズ・シティ泊）	
2日目	自由行動・キー・カーカーで終日マリンアクティビティを満喫（キー・カーカー泊）	
3日目	自由行動・グレートブルーホールでシュノーケリングを楽しむ（ベリーズ・シティ泊）	
4日目	ベリーズ → ヒューストン → ダラス（空港泊）	
5日目	ダラス → （機中泊）	
6日目	成田着	

👍おすすめ！
ココロがオドル世界旅KOさん
こんなにキレイな形と色をしたものができてしまっているんですよ!!　人工的にではなく、自然の中で。やっぱり僕らが住んでいる地球って自然ってスゲェよ！

おすすめの季節

11月から4月

年間平均気温26℃、湿度87％と高温多湿だが、貿易風が吹くので過ごしやすい。11〜4月は乾季で天候もよい。5〜10月が雨季。雨季の雨は短時間に集中して降り、止むと晴れ間が見える。

旅の予算

約16万円から

ベリーズ・シティのホテルの宿泊料金は1泊約7000円〜。キー・カーカーのホテルの宿泊料金は1泊約6000円〜。キー・カーカーまでの船代は約2800円（往復）、シュノーケリング・ツアーの料金は約2万3000円〜。

旅のポイント

シュノーケリング・ツアーの出発は早朝なので、前日はツアーの船が出航する地区に宿泊するとよい。ツアーでは船で移動しながらブルーホール以外のエリアでもシュノーケリングが楽しめる。通常マスクやフィンは料金に含まれている。ツアーは現地旅行会社で申し込める。また、最少催行人員が設定されている場合があるので確認を。

+α のお楽しみ
MORE FUN!

絶滅危惧種
マナティが生息
ベリーズには海棲の哺乳類マナティが生息する。丸っこくて愛らしい体形だが、成獣は4mもの大きさに。

セスナに乗って上から
ブルーホールの大きさを実感
上空から見るブルーホールも圧巻。約1時間の遊覧で、神秘的な風景と青い海を堪能。セスナ料金は約2万5000円（2名以上搭乗の場合1名につき）。予約はBPRPのサイト（日本語）まで。www.bprp.bz/

©Richard Holder

のどかな時が流れる
豊かな自然が魅力の小島
2つの小島からなるキー・カーカーは、ベリーズ・シティからボートで約45分の北東に位置する島。ベリーズでも指折りの海の美しさを誇り、シュノーケリングやマリンスポーツが楽しめる。

おまけネタ

ベリーズにはジャングルに20以上のマヤ遺跡が残存する。遺跡内にある7つの墓の一つから太陽神の翡翠の頭部像が発見されたアルトゥン・ハ遺跡や、巨大な石の人面像のマスク寺院があるラマナイ遺跡などが観光客に人気。いずれもベリーズ・シティの旅行会社がツアーを催行している。

マウイ島のSUP体験

SUPデビューはぜひここで！
きれいな海で浮遊体験

マウイ島

アメリカ

**絶景への
ご案内**

日本からマウイ島への直行便はないので、ホノルルで乗り継いでカフルイ空港へ。SUP（スタンドアップ・パドル・サーフィン）は、マウイ島のさまざまなビーチでできるが、初めての人は、現地のスクールがレッスンツアーを催行しているので、それに参加するのがおすすめ。ホテルまでの送迎サービスもついている場合が多い。穏やかな海でボードの上に立つコツをつかんだら、パドルを使って進む方法をマスターし、海上散歩へと漕ぎ出そう。

初心者は
15分ほど陸上で練習してから
海に入ります！

たとえばこんな旅 ▶ 4泊6日

1日目	成田 → ホノルルで乗り継ぎ → マウイ島（マウイ島泊）
2日目	SUP体験（マウイ島泊）
3日目	SUP体験（マウイ島泊）
4日目	マウイ島観光・ラハイナ散策などを楽しむ（マウイ島泊）
5日目	マウイ島 → ホノルルで乗り継ぎ →（機中泊）
6日目	成田着

©Christopher Futcher

🖊行きたい！
詩歩
SUPは力を使わずゆっくり体験できるスポーツなので、1日中この透明な海の上でプカプカ浮いていたいなぁ～。

おすすめの季節

通年

1年を通して海水は温かく、遊泳できる。ただ、冬季（11～4月）は天気のよい昼間以外は水温が下がり、肌寒く感じることも。とことん海遊びを楽しみたいなら、夏季（5～10月）を選ぶほうがいいだろう。

旅の予算

約18万円から

SUPツアー（レッスン、ボードレンタル、送迎付き）の料金は約1万5000円～、マウイ島のホテルの宿泊料金は1泊約1万円～。

旅のポイント

ツアーの所要時間は約3～5時間。日本人インストラクターが帯同するツアーもある。現地ツアーの検索サイトや、現地スクールの公式サイトを通じて、日本語で問い合わせや予約もできるので、事前に申し込みしておくのがおすすめ。乗り方をマスターしたら、SUPボードだけレンタルしても（1日約3000円～）。

+αのお楽しみ MORE FUN!

NENE OFFICIAL BIRD OF HAWAII

**ハワイの固有種
ネネとご対面！**
ハレアカラ国立公園では、ハワイの州鳥でもある、希少なネネ（ハワイガン）の姿をみることができる。

**かつてのハワイ王朝の都、
ラハイナを散策**
島西部のラハイナは、イギリス国教派教会や旧裁判所など、歴史的建造物が点在しており、国立歴史保護区に指定されている。ギャラリーが多く、アートの街としても知られ、散歩にぴったり。

©jewhyte

©&#169 Dale Walsh

**クジラの大ジャンプに
拍手喝采！**
12～5月は、マウイ島西部と南部の沖合でザトウクジラが見られる。母クジラと赤ちゃんクジラが一緒に泳ぐ微笑ましい光景が見られることも。ホエールウォッチング・ツアーはラハイナ港等から出港。料金は約4500円（約2時間）～。

おまけネタ

カフルイ空港から車へ東へ20分ほどの場所にあるパイアは、かつてサトウキビのプランテーションで栄えた街。現在は、サーファーたちが集うスポットとして有名だ。小さな街だが、セレブ御用達のセレクトショップや、オーガニック食品やナチュラルコスメが並ぶ店等が点在し、賑わいを見せている。

絶景 04　アルバカーキ国際気球フェスティバル［イベント］　アメリカ

米南西部のニューメキシコ州で1972年から開催されている、世界最大級の熱気球競技大会。天候がよければ
連日、気球の離陸を見学できる。700機以上のカラフルで巨大な気球が、一斉に空に舞い上がる光景は圧巻。
期間中は奇想天外な形をした気球が打ち上げられるイベントや、パイロットが技を競う気球の競技大会など、
さまざまなイベントが開催される。事前予約をすれば気球に乗ることもできる。

絶景 05　マホビーチの飛行機鑑賞 ［フィールドアクティビティ］　オランダ自治領セント・マーチン島

マホビーチはカリブ海に浮かぶセント・マーチン島にあるビーチ。すぐ脇にプリンセス・ジュリアナ国際空港があり、空港に発着する飛行機が、ビーチで楽しむ人の頭上すれすれを通過するスリリングな眺めが人気。小型機は頻繁に通過するが、大型機の発着は本数が限られているため、事前に時間をチェックしてから旅程を決めるとよい。部屋からビーチと飛行機を眺められる隣接のホテルも人気。

絶景 04 アメリカ【イベント】

アルバカーキ
国際気球フェスティバル

夢に見たワンダーランド！
一緒に飛んでいっちゃいたい

アルバカーキ ★ アメリカ

絶景への
ご案内

アルバカーキ国際空港からの移動はタクシーが効率的。空港を出るとすぐにタクシー乗り場がある。空港から車で街の中心地までは約15分、市の北部に位置するアルバカーキ国際気球フェスティバルの会場までは、25分ほどの距離だ。気球フェスティバルは、連日午前の部、午後の部で構成され（午後の部が休みの日もあり）、入れ替え制。午前の部、午後の部ともに一般入場料（13歳以上）は約1100円。12歳以下は無料。詳細は、公式サイト（下記・英文）を参照。雨天時や風が強い日は中止になることもある。www.balloonfiesta.com

たとえばこんな旅 ▶ 4泊6日

1日目	成田 → ロサンゼルスで乗り継ぎ → アルバカーキ（アルバカーキ泊）
2日目	気球フェスティバル見物（アルバカーキ泊）
3日目	気球フェスティバル見物（アルバカーキ泊）
4日目	気球フェスティバル見物（アルバカーキ泊）
5日目	アルバカーキ → ダラスで乗り継ぎ → （機中泊）
6日目	成田着

🎤行きたい！
詩歩
信じられないほどたくさんの気球が一斉に青空に舞い上がる姿が素晴らしくて、表紙に選んだ体験。せっかく行くなら気球にも乗りたいな！

趣向をこらした
バルーンも！
見ているだけでも楽しい

おすすめの季節

10月前半

気球フェスティバルが行われるのは、例年10月の第1土曜から次の日曜まで（2016年は10月1～9日）。熱気球が飛ぶのは早朝と夕方。気温が下がるので、防寒のためにジャケットなどを持っていこう。

旅の予算

約16万円から

気球フェスティバル時期のアルバカーキのホテルの宿泊料金は1泊約1万円～。アルバカーキ国際気球フェスティバルの一般入場料は午前の部、午後の部ともに約1100円。

旅のポイント

人気イベントなので、ホテルの予約は早めに。一般入場券は、アルバカーキ市などにあるセブンイレブンで購入可（2016年は9月1日一／返金不可）。天候の様子を見たいなら会場入口で当日券の購入を。祭り中に気球に乗りたい人は下記サイト（英文）で予約可。1人約3万5000円（4.5時間）～。www.rainbowryders.com/aibf/

のお楽しみ
MORE FUN!

絶景を楽しみながら
サンディア山の頂上へ

ニューメキシコの風景を一望しながら、標高3163mの山頂までロープウェイで約15分。山頂には、トレイルコースやウッドデッキの展望台、レストランなどもある。ロープウェイの料金は約2700円。

©Richard Gunion

プエブロ族の
歴史や暮らしを知る

インディアン・プエブロ文化センターでは、ネイティブアメリカンのプエブロ族の歴史や暮らしを知ることができる。週末は、踊りの実演も。

スペイン風の家が並ぶ
オールドタウン

ネイティブアメリカンのジュエリーや陶器、ラグなどのお店が並び、おみやげ探しにもぴったり。こじんまりとしているので歩きやすく、感じのいいレストランやカフェもあってゆっくりできる。

©csfotoimages

おまけネタ
アルバカーキには、ガラガラ蛇博物館やターコイズ博物館といったユニークな博物館から、科学センター、自然史博物館、動物園、水族館、植物園、生物学公園まで、いろいろな施設が揃う。もちろん、熱気球について学べるアンダーソンアブラッゾ アルバカーキ国際バルーン博物館もある。

絶景 05　オランダ自治領セント・マーチン島
【フィールドアクティビティ】

マホビーチの飛行機鑑賞

世界一キケン!?
頭上注意！なビーチ

オランダ自治領
セント・マーチン島

マホビーチ

絶景への
ご案内

日本からの直行便はないので、アメリカの主要都市の空港を経由しての入国が一般的となる。アメリカは国内の空港を通過するだけでも、ESTA（電子渡航認証システム）が必要となるので、出発前に申請を忘れずに。乗り換え空港にもよるが、ニューヨークやアトランタからは約4時間、マイアミからは約3時間で、セント・マーチン島のオランダ領にある、プリンセス・ジュリアナ国際空港に到着する。ホテルに荷物を置いて、タクシーかバスでマホビーチへ！

📢 おすすめ！　喜多健二さん
離陸時のジェットエンジンによる爆風/爆音は他では味わえないと思います。飛行機好きでなくても感動すること間違いなし。一見の価値ありです！！

たとえばこんな旅 ▶ 3泊7日

1日目	成田 → アメリカで2回乗り継ぎ → （空港泊）
2日目	セント・マーチン着（セント・マーチン泊）
3日目	自由行動・マホビーチで飛行機鑑賞、マリンスポーツを楽しむ（セント・マーチン泊）
4日目	自由行動・フィリップスバーグやマリゴなど島内を散策（セント・マーチン泊）
5日目	セント・マーチン → ニューヨークで乗り継ぎ（空港泊）
6日目	ニューヨーク → （機中泊）
7日目	成田着

オランダ領の首都は
フィリップスバーグ

おすすめの季節

12月から4月

年間の平均気温は27℃程度と温暖。雨季は7〜11月、この期間はハリケーンのシーズンでもある。比較的過ごしやすいのは10〜4月。

旅の予算

約18万円から

セント・マーチンのホテルの宿泊料金は1泊約1万円〜。マホビーチに隣接し、窓から飛行機が眺められる「ソネスタ・マホビーチ・リゾート＆カジノ」は、1泊約3万円〜。

旅のポイント

島内の交通はミニバス、タクシー、レンタカーなど。ミニバスはフィリップスバーグとマリゴ間、フィリップスバーグとマホビーチ間が観光にも便利なルートだ。効率がよいのはタクシーとレンタカー。大手レンタカー会社もあるので日本からの予約も可。マホビーチの飛行機着陸風景を見るなら、以下のサイト（英文）で時刻を確認して！
www.sxmairport.com/flights-info.php

＋αのお楽しみ
MORE FUN!

ルイス砦からの
景色は必見！
ルイス砦は1789年、マリゴ港を守るために建てられた。マリゴの街並みからシンプソン・ベイ湖、アンギラ島まで見渡せる。島一番の絶景スポット。

やっぱりマリン
スポーツは外せない
カリブの美しい海を堪能できる各種マリンスポーツが充実。ホテルのアクティビティデスクなどから申し込める

マリゴはフランスの
香りがする港街
フランス領の首都がマリゴ。オランダ領の首都フィリップスバーグに比べると、小さな街だが、洗練されたカフェやレストラン、ブティックなどがある。プリンセス・ジュリアナ空港から車で約25分。

おまけネタ
小さな島だが島中央から南がオランダ領、北がフランス領。一応国境があるが出入りは自由。オランダ領ではショッピングやカジノ、フランス領では正統派フランス料理など、一つの島で二つの文化が楽しめる。通貨は、フランス領はユーロ、オランダ領はギルダーだが米ドルは両方で通用する。

絶景 06　　**北竜町のひまわり畑のサイクリング** ［フィールドアクティビティ］　北海道

北竜町は北海道中央部に位置する町。町内の約23haもの東向きの斜面に150万本のひまわりが栽培され、7月中旬〜8月中旬にはひまわりまつりが開催される。会場にはレンタサイクルがあり、両側に黄色い絨毯のようなひまわり畑が広がる光景の中でサイクリングができる。見頃を迎えるのは例年8月上旬だが、複数の区画で栽培されているため、会期中の約1か月にわたって、満開のひまわりが見られる。

絶景 06 北海道 【フィールドアクティビティ】

北竜町の
ひまわり畑のサイクリング

どこまでも 続く黄色い海を 自転車を漕いで行く

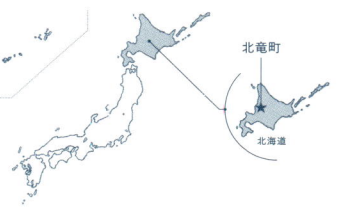

北竜町

北海道

DESTINATIONS 絶景への
ご案内

札幌の新千歳空港に到着後、ターミナルビル地下1階にあるJR新千歳空港駅に移動、快速に乗り札幌駅で下車する。徒歩で5分ほどの札幌駅前ターミナルに行き、中央バス「高速るもい号」に乗車。約2時間で、ひまわりまつり期間中の臨時バス停、北竜中学校に到着する。会場となる北竜町ひまわりの里は停留所から歩いてすぐ、なだらかな丘陵に広がる、鮮やかな黄金の光景が目に飛び込んでくる。

たとえばこんな旅 ▶ 1泊2日

1日目　羽田 → 新千歳空港 → 札幌駅
→ バスでひまわりまつり会場へ・ひまわりの里をサイクリング、ひまわり迷路などで遊ぶ
→ バスで札幌に戻る（札幌泊）

2日目　新千歳空港 → 羽田着

ひまわりの里

撮影ポイントも
いっぱい

© 北竜町役場

📷 おすすめ！
北竜町ポータル（撮影者）
晴天のもと、太陽がさんさんと照りつける中、一面黄色の世界が目の前に広がっていました。楽しそうに自転車で走る家族を見ていて、こちらも心が温かくなってきました。

ひまわりの里
観光案内所で
レンタルしてます

おすすめの季節

7月 から 8月
中旬　　中旬

2016年の開催日程は、7月16日〜8月21日。真夏でも気温が30℃を超えることはあまりない。8月は比較的降雨量が多い。

旅の予算

約4万円 から

新千歳空港〜札幌駅の電車運賃は2140円（往復）、高速るもい号の料金は3700円（往復）、札幌のホテルの宿泊料金は1泊約5000円〜。自転車レンタル料金は1時間100円、ひまわり迷路入場料は300円。

旅のポイント

150万本のひまわりが見渡す限り続く景色は、別世界に迷い込んだよう。花火大会やゆるキャラフェスティバルなど日替わりイベントも開催され、楽しみ方もさまざま。ひまわりの一番の見頃は例年8月上旬ごろ。開花情報やひまわりまつりの詳細は北竜町ひまわり観光協会のサイトでチェックを。
http://hokuryu-kankou.com/

+α のお楽しみ
MORE FUN!

世界のひまわり
30品種の鑑賞ができる
世界のひまわりコーナーでは、北竜中学校の生徒が育てた、世界中の個性的なひまわりが見られる。期間中は同校の生徒たちがコーナーを案内してくれる日もある。

世界のひまわり栽培

© 北竜町役場

ひまわり畑の迷路は
ずっと迷っていたい？
人気アクティビティの巨大迷路。2016年は、町の応援大使となった北海道日本ハムファイターズの選手にちなみ、日ハムの今年のスローガン「爆ぜる」の文字をかたどった迷路が設置される。

お土産にしたい
メロン＆スイカ
糖度が高く瑞々しい北竜ひまわりスイカと北竜ひまわりメロンは、北竜町の夏の特産品。ぜひ味わってみて。

© 北竜町役場

おまけネタ
札幌からレンタカーで北竜町に行く方法もある。道央道・深川留萌自動車道沼田IC経由で、所要時間は約1時間半。ひまわりまつりが開催される期間は、ちょうどラベンダーの花も見頃なので、ちょっと足を延ばして美瑛町や富良野を訪れてみては。北竜町から富良野までは、車で1時間半ほどのドライブ。

絶景だらけのＮＺ体験（ニュージーランド）

text：詩歩

わたしは日本が大好き。過去何度海外へ行っても、「住みたい」とまでは思ったことがありませんでした。そう、いろんな顔を持ったこの国の虜（とりこ）になるまでは……。

2016年のGW。わたしは友人たちと5人でニュージーランドへ行きました。旅のメインは南島にある街、テカポでの星空鑑賞。最高の星空を追求するため、テカポに4泊するという念を入れたスケジュールで挑みました。
星の鑑賞ポイントは、有名な「善き羊飼いの教会」。深夜3時に現地へ向かいました。向かう道中からすでに頭上は星だらけ。真っ暗な中、街灯のない教会に着いて、空を見上げると……肉眼で天の川がバッチリ！　そして現れては消えていく流星。最初は「あ！　流れ星！」と一つ一つ声に出して驚いていたものの、途中からはあまりの多さに言わなくなるほど。日本で見る流星群なんて、比ではありません。感動のあまり、ついに誰も喋らなくなったその時間は、息をするのも憚られるほど静かで、夜空に星が流れる音が聞こえてきそうでした。

ニュージーランドの星空スポットはテカポだけではありません。北島にあるワイトモ洞窟も、一味違うプラネタリウムが楽しめる場所です。
ワイトモ洞窟ではボートツアーに参加。地下に眠る真っ暗な洞窟内を、ゆっくりと進んでいきます。すると……高さ3mくらいでしょうか。洞窟内の天井という天井に、無数の青白い光が煌めいているではありませんか！　その正体は「土ボタル」。普通のプラネタリウムの5倍くらい星があるかのような明るさ。暗い部分より光っている部分のほう

が多いんじゃないか、そう思ってしまうくらい、大量の土ボタルが天井に輝いています。
闇の中、ボートが静かに水を切る音だけが響きます。ボートの浮遊感もあり、ふわふわと宇宙に浮かんでいる感じ。体験したことのない時間を過ごし、太陽光が差し込む現実世界へと戻っていったのでした。

そしてこの旅の締めくくりは……バンジージャンプ！　発祥の地として知られる「カワラウブリッジ」へ。
実はわたし、ジェットコースターすら未経験というほどの高所恐怖症。最初は飛ばないつもりでしたが、軽々と飛ぶ友人を見て、勢いで予約をしてしまいました。
いざ足と腰にロープを装着し、最後の一歩を踏み出したものの……「む、無理～！」。眼下に広がる光景が、横から見ていたときと違いすぎて、腰が抜けてしまいました。それもそのはず。43mという高さは、13階から自殺するようなもの。痙攣が止まらなくなって連れ戻されてしまい、しばし休憩。その後「今すぐ飛び降りるか、今すぐリタイアか、選択肢は2つだ」と半ば脅迫（？）され、8分後、再び台へ。「やるっきゃない！」。その意志がうっすら残っているうちに、目を閉じたまま一気にDIVE！　落下時間はたったの2秒でしたが、それは永遠のように長く、飛んでいるうちから後悔したほどでした……。

天国のような絶景体験もあり、地獄のような絶叫体験もできるニュージーランド。アクティビティ好きの方にはオススメです!?（汗）

バンジージャンプの瞬間。ほとんどその時の記憶がありません……。

テカポは「湖畔レストラン」へぜひ。これは裏メニュー「イクラ丼」。

バンジージャンプの動画はYoutubeをチェック！
https://youtu.be/0G3CCkG1l4k

※アクセス方法など、この絶景体験についての詳細は
p27（カワラウブリッジ）、p86（ワイトモ洞窟）、p87
（テカポ）を参照。

絶景 07　シャンパーニュの黄葉鑑賞［自然体験］　フランス

フランス北東部のシャンパーニュ地方は、伝統的にワイン造りが盛んな、ぶどう畑が広がる地域。毎秋には
ぶどうの葉が一斉に黄葉、一面が黄金色に輝く光景が見られる。中でもヴェルズネイ村にある、シャンパン
メーカーのマム社が所有する風車が黄葉の丘に佇む景観が名高い。この風景を楽しみつつ、周辺のワイナリ
ーをめぐるツアーが人気。なお、シャンパーニュのぶどう畑は、2015年に世界遺産に登録された。

絶景 08　カワラウブリッジのバンジージャンプ ［スカイアクティビティ］　ニュージーランド

ニュージーランド南島・クイーンズタウン郊外にあるカワラウブリッジは、カワラウ川に架かる高さ43mの橋。
隣接する「カワラウ・バンジー・センター」は、商業バンジージャンプ発祥の地であり、橋から川に向かって大迫
力のバンジージャンプが体験できる。付近はミルキーブルーの川と見事な渓谷が美しく、バンジージャンプをし
なくても、展望デッキからチャレンジャーを眺めるのもおもしろい。

絶景 07 フランス ［自然体験］

シャンパーニュの黄葉鑑賞

眺めても飲んでも楽しめる 一石二鳥な絶景です

シャンパーニュ

フランス

 絶景への ご案内

パリ・東駅から高速鉄道のTGVに乗り、約50分でランス駅に到着。黄葉鑑賞とあわせてワイナリーめぐりもするなら現地ツアーを利用しよう。黄葉だけを楽しむならランスでレンタカーを借り、市内からD944をヴェルズネイ村方面へ15分ほど走る。市内から高速道路A4に乗り、D7、D26を進めば10分ほどで「マムの風車」と黄色に輝くブドウ畑が見えてくる。パリからレンタカーでランスへ行くなら、高速道路A4に乗ってランス方面へ1時間20分ほど進み、23でA4を下りる。ここからD9とD26を経由して20分ほど進めば、目的地に到着だ。

🔊 おすすめ！ しょうさん
夏に行ったので一面緑で、きれいでした。近くにドンペリで有名なモエ社があり、見学もできます。カーブ、すごかったです！

たとえばこんな旅 ▶ 4泊6日

1日目	成田 → モスクワで乗り継ぎ → パリ（パリ泊）
2日目	パリ → TGVでランスへ・歴史ある街並みを散歩する（ランス泊）
3日目	バスツアーに参加・マムの風車が見えるヴェルズネイ村観光とワイナリーめぐり（ランス泊）
4日目	ランス → TGVでパリへ・市内観光（パリ泊）
5日目	パリ → モスクワで乗り継ぎ → （機内泊）
6日目	成田着

シャンパンは修道士
ドン・ペリニョン
によって発明された
発泡性ワイン

発泡性ワインの中でもシャンパンと名乗れるのは、シャンパーニュ産のものだけ！

おすすめの季節

秋

気候によって変動はあるが、10月下旬から11月下旬くらいがぶどう畑の黄葉の季節。1年間の平均気温は11〜12度で、比較的過ごしやすい。秋でも北部にしては日照時間が長めといわれる。

旅の予算

約10.5万円から

パリ・東駅からランスまでのTGV料金（往復）は約1万円〜、パリのホテルの宿泊料金は1泊約9000円〜、ランスのホテルの宿泊料金は1泊6000円〜、ランス出発のシャンパーニュワイナリーツアーの料金は約4500円〜。

旅のポイント

試飲付きのワイナリーめぐりもしたい場合は、車の運転はNGなので、現地ツアーに参加を。ランス観光局が催行しているバスツアーはマムの風車もルートに入っていて、ワイナリー見学や試飲もある。3時間ほどのツアーで、参加費は1人約4500円。詳細は下記サイト（英文）を参照。
http://www.reims-tourism.com/Discover/Champagne/Excursions-dans-le-vignoble/Champagne-Wine-Tour

+αのお楽しみ
MORE FUN!

フランス史の要所ランスで世界遺産の建物をめぐる

ノートルダム大聖堂（写真）や、美術館となっているトー宮殿、1007年に着工されたサン・レミ・バジリカ聖堂……。世界遺産に登録されている美しい建物をめぐりながら、ランスの歴史に想いをはせよう。

©csfotoimages

G.H.MUMM &CIE

ランス駅から徒歩約20分のワイナリー

マムの風車の所有者、G.H.マムのメゾンも見学ツアーを行っている。日本語でのガイドは行っていないが、徒歩圏内のワイナリーなので行きやすい。
www.mumm.com/ja-jp

©eurotravel

"シャンパンの首都"と呼ばれるエペルネー

ランス駅から在来線に乗って約30分のエペルネーには、著名なシャンパンメーカーが軒を連ねる。「ドンペリ」でお馴染みのモエ・エ・シャンドンの本拠地もあり、見学ツアーも行っている。
http://jp.moet.com/prehcme

 おまけネタ

ランスのノートルダム大聖堂の正面広場には、ジャンヌ・ダルクの騎馬像がある。英仏の百年戦争でフランスを救ったジャンヌ・ダルクとともにランスに入ったフランス王太子シャルルは、この地で戴冠式を行い、即位した。しかしその後、ジャンヌは宗教裁判の後に火刑に処せられ、19年の生涯を閉じた。

絶景 08 ニュージーランド 【スカイアクティビティ】

カワラウブリッジのバンジージャンプ

怖すぎて絶景を楽しめない!?
スリル満点のバンジー体験

ニュージーランド

カワラウ
ブリッジ

絶景への
ご案内

日本からクイーンズタウンへの直行便はないので、クライストチャーチやオークランド、オーストラリアのシドニーなどで乗り換えて、クイーンズタウン空港へ入る。空港から町の中心地までの所要時間は約25分。15分おきに運行されるコネクタバスが便利だ。オコーネル・ショッピングセンター停留所で下車し、すぐ近くのザ・ステーション・インフォメーションセンターに行くと、カワラウブリッジ行きの送迎バスが出ている。約20分で到着し、バンジージャンプに挑戦する茶色い橋が見えてくる。

たとえばこんな旅 ▶ 3泊6日

1日目	成田 → アジアで乗り換え(機中泊)
2日目	シドニーで乗り換え → クイーンズタウンへ(クイーンズタウン泊)
3日目	自由行動・カワラウブリッジでバンジージャンプ、ボブズ・ピークでジップトレックに挑戦(クイーンズタウン泊)
4日目	自由行動・近郊の川を走るジェットボートを楽しむ(クイーンズタウン泊)
5日目	クイーンズタウン → シドニー → アジアで乗り換え → (機中泊)
6日目	成田着

カフェやレストランが
集まるダウンタウン

おすすめの季節

12月から2月

バンジージャンプに挑戦するならやはり夏。夏は晴天が続き、平均気温も20～30℃、午前5時頃に夜が明け、日が暮れるのは午後10時頃なのでたっぷり遊べる。冬の6～7月は雪が降ることもある。

旅の予算

約23万円から

クイーンズタウンのホテルの宿泊料金は1泊約1万円～。バンジージャンプ料金は約1万5000円～。ジェットボート料金は約1万円～、ジップトレック料金は約1万円～。

旅のポイント

バンジージャンプの産みの親、A・J・ハケットの出身地であり、世界で最初にバンジージャンプが行われた由緒ある場所。ザ・ステーション・インフォメーションセンターから毎日8時40分、10時、11時20分、12時40分、14時、15時20分に無料送迎バスが出る。申し込みは出発の30分前までに。バンジージャンプにトライしたのちには終了証とTシャツがもらえる。

+α のお楽しみ
MORE FUN!

ジェットコースターより
スリリングなジェットボート

風光明媚で有名なショットオーバー渓谷の、そびえたつ岸壁の間を縫いながらジェットボートで疾走。さらに360度のフル回転のスピンなど、大自然の中でスリリングな体験ができる。

©Shotovwe Jet

スカイダイビングに
挑戦してみよう!

高度2700～4500mの上空からジャンプ!スタッフとタンデムなら安心、余裕で眼下の景色も楽しめちゃう?

©Nsone-The Ultimate Jamp

ニュージーランド3番目
の大きさの湖

S字型のワカティプ湖は面積約293km²の氷河湖。1日に数回水位が変化する、という珍しい特徴を持つ。サイクリングやウォーキングで湖畔をめぐったり、各種水上アクティビティが体験できる。

©Destination Queenstown

おまけネタ

ジップトレックは、ニュージーランドで人気のアクティビティ。2地点をワイヤーで結び、滑車で滑り降りるというもの。ジップトレック・エコツアーズでは、ゴンドラでボブズ・ピーク頂上まで行き、滑りながら降りるツアーを催行している。www.newzealand.com/jp/plan/business/ziptrek-ecotours/

絶景 09　ナマクワランドの花畑鑑賞 ［自然体験］　南アフリカ共和国

ナマクワランドは南アフリカ北西部・北ケープ州にある広大な半砂漠地帯の名称。通常は荒野が広がるが、春の数週間だけ一斉に約4000種の花が開花し、突如カラフルな花畑が出現。ドラマチックに現れる様子から"奇跡の花園"と呼ばれている。この現象は、冬にわずかに降った雨によって種子が次々と芽吹くことで起こる。雨が降る場所や降雨量によって、毎年開花場所や時期が変化する。

絶景 <u>10</u>　　チェンマイのエレファント・ライド［動物体験］　タイ

タイ北部チェンマイの郊外で体験できるアクティビティ。象の高い背中に乗ってジャングルなどを散策し、大自然を満喫できる。チェンマイには野生の象の育成や保護のために設立された「エレファント・キャンプ」が数か所あり、エレファント・ライドを含め観光客が象とふれあえる様々なプログラムが提供されている。象使い体験のコースもあり、象を操る言葉やコミュニケーション方法を学ぶことができる。

絶景 09 南アフリカ共和国 【自然体験】

ナマクワランドの花畑鑑賞

いつどこで咲くかわからない
魔法のようなお花畑

南アフリカ共和国

ナマクワランド

南アフリカは
デイジーの
生まれ故郷

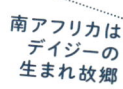

絶景への
ご案内

ヨハネスブルグで飛行機を乗り継ぎ2時間強でケープタウンに。ケープタウン国際空港で予約しておいたレンタカーをピックアップして、ナマクワ国立公園に出発。空港を出てエアポート・アプローチ・ロードを進み、セトラーズウェイに乗ってカナナ方面へ、7号に乗り換え車を進める。北に向かい荒涼とした大地を延々と運転すること6時間半ほどで、ナマクワ国立公園に到着する。ケープタウンから遠いので、スプリングボックに宿を取り、拠点とするのがおすすめ。

たとえばこんな旅 ▶ 4泊7日

1日目	成田 → 香港で乗り継ぎ →（機中泊）
2日目	ヨハネスブルグで乗り継ぎ → ケープタウン（ケープタウン泊）
3日目	ケープタウン → 車でスプリングボックへ（スプリングボック泊）
4日目	自由行動・ナマクワ国立公園でワイルドフラワーを鑑賞（スプリングボック泊）
5日目	自由行動・グーギャップ自然保護区へ、ヘスター・マラン・ワイルド・フラワーガーデンやハイキングルートを散策 → 車でケープタウンに移動（ケープタウン泊）
6日目	ケープタウン → ヨハネスブルグで乗り継ぎ →（機中泊）
7日目	香港で乗り継ぎ → 成田着

📢 おすすめ！
南アフリカ観光局　近藤由佳さん
色鮮やかな花で埋めつくされる様子はまさに"奇跡の花園"！　ハイキングやサイクリング、ドライブもおすすめです。

おすすめの季節

8月から10月

花の咲く時期は、現地の春にあたる8〜10月にかけての数週間。年間を通して降雨量はわずか。冬場に降る雨が春に野生の花を咲かせる。陽ざしが強いので、帽子と日焼け止めを忘れずに。

旅の予算

約21万円から

ケープタウン、スプリングボックの宿泊料金は約1万円〜。レンタカー代は約2万円（3日間）。

旅のポイント

花見のビューポイントや見頃の時期は毎年変わるので、事前に情報収集したり、現地の観光案内所などで確認を。また、花見ができるエリアは広い上に、公共交通機関がほとんどないので、運転に自信がある人はレンタカーがおすすめ。シーズン中にはケープタウンから、お花見エリアを周遊するツアーを現地の旅行代理店が催行している。

+α のお楽しみ
MORE FUN!

ナマクワランド観光の
拠点スプリングボック
スプリングボックは、人口わずか1万3000人ほどの街。ボーア戦争の時は戦場となり激戦が繰り広げられた歴史を持つ。ホテルもあり、お花見シーズン中はここを拠点にする人も多い。

他では見られない
キバーツリー
多肉植物のキバーツリーは、北ケープ州とナミビアの一部だけで生息する珍しい植物。

南アフリカの
ワイルドライフに浸ろう
ナマクワ国立公園で約150k㎡の広さを誇る、グーギャップ自然保護区はスプリングボックから約15km離れた場所にある。保護区の中には600種に及ぶ植物、野生動物や鳥類、爬虫類などが生息。

おまけネタ

南アフリカは日本と同様に右ハンドル＆左側通行なので、レンタカーの利用もおすすめ。ケープタウンには大手レンタカー会社もあり、日本で予約を入れておけばスムーズ。ナマクワランド内の自然保護区や国立公園の道は、あまり整備されていないので四輪駆動車がマスト。

絶景 10 タイ [動物体験]

チェンマイの
エレファント・ライド

大きな大きな背中に乗って
ゆっくりとジャングルを往く

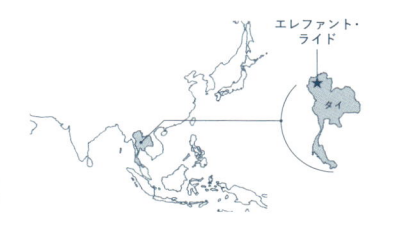

エレファント・ライド

絶景への
ご案内

チェンマイ国際空港からチェンマイ市内の中心部へは、エアポートタクシーを利用する。所要時間は15分。エレファント・ライドは現地ツアーに参加し、車で30分〜1時間ほど郊外にある、エレファントキャンプに向かう。象たちのショーや、象に乗って川やジャングルを散歩するトレッキングを堪能。チェンマイに戻ったら、市内観光もぜひ。歴史ある街並みが続く市内は、散策にぴったり。11月中旬には「イーペン・サンサーイ」（p96）がチェンマイで開催されるので、そのタイミングに合わせて旅程を組むのもおすすめ。

（p96）

たとえばこんな旅 ▶ 3泊5日

1日目　成田 → アジアで乗り継ぎ
　　　　→ チェンマイ → 到着後はナイト・バザールへ（チェンマイ泊）
2日目　エレファント・ライドにチャレンジ（チェンマイ泊）
3日目　自由行動・レンタサイクルで市内観光（チェンマイ泊）
4日目　チェンマイ市内でお土産探し → チェンマイ → アジアで乗り継ぎ
　　　　→ （機中泊）
5日目　成田着

🔊おすすめ！　平原千波さん
象の背中で揺られながら起伏のある山道を登ったり下ったり、時には川の中を進むジャングル散歩は、エキサイティングでスリリング！ 背中からの景色も最高です。

ショーでは
象のサッカーも
見られるよ！

おすすめの季節

11月から2月中旬

乾季で降雨量が少なく、晴天が続く11〜2月までが旅行のベストシーズン。チェンマイは標高が高いため、年間の平均気温も低く過ごしやすいが、昼夜の気温の差が激しいので、夜の外出には上着を。

旅の予算

約7.5万円から

チェンマイのホテルの宿泊料金は1泊約6000円〜。象のトレッキングツアー代は約1万円〜（半日）。チェンマイのレンタサイクル料金は約300円〜（1日）。

旅のポイント

エレファント・ライドは現地の旅行会社が催行する、ホテルからの送迎が付いているツアーが便利。ツアーの細かな内容はそれぞれ異なるが、所要時間3.5〜8.5時間程度で、象に乗ってトレッキングしたり、象のショーを鑑賞したり、いかだの川下り体験などができる。ほとんどのツアーには英語のガイドとランチがつく。

+αのお楽しみ MORE FUN!

象さん画伯の描く
すごい絵を鑑賞！
キャンプで人気なのが、鼻に絵筆を持って器用に描く象のお絵かきショー。特にメーサー・エレファントキャンプの象は絵が得意で、各種メディアでも話題に。絵のクオリティは象が描いたことを疑うほど。

製作は全部手作業！
チェンマイの唐傘
チェンマイは紙製の唐傘が特産。傘に描かれた模様はすべて手描き。工房に行けばオリジナルの傘も作れる。

COCONUT MILK-BASED
CURRY SOUP

チェンマイの名物料理
カオ・ソーイは外せない！
カオ・ソーイは、ココナッツカレーベースのスープの麺料理。現地では、創業70年を誇る老舗店「カオソーイ・ラムドゥアン・ファーハーム」が人気。チェンマイ駅からタクシーで約15分。

おまけネタ

チェンマイから車で1時間半ほど南下したランパーン県に、タイ象保護センター（国立象研究所）があり、ケガをして働けなくなった象たちが保護されている。敷地内には世界で唯一の象の病院と象使いの学校が併設、象使いの生活を体験できるプログラムも。日本映画『星になった少年』のロケ地でもある。

絶景 <u>11</u>　　アンブレラ・スカイ・プロジェクト［イベント］　ポルトガル

ポルトガル中部・アヴェイロの近郊の街アゲダで、2006年から開催されている芸術祭「AgitÁgueda（アジタ
ゲダ）」のイベントの一つ。商店街の上空に無数のカラフルな傘がディスプレイされ、訪れる人の目を楽しま
せるほか、夏の強い日差しを緩和する効果もある。会期中は街全体にアート作品が飾られ、コンサートやイベ
ントが開催される。このイベントを発祥として傘のディスプレイは世界各地に広がっている。

絶景 12　グアナファト散策 ［街歩き］　メキシコ

グアナファトは、メキシコ中央部の標高約2000m地点にある街。18世紀頃まで世界有数の銀の産出地で、バロック様式やネオクラシック様式の豪華な建築物や、カラフルに彩色されたコロニアル様式の民家が並んでいる。その姿は「メキシコで最も美しい街並み」と言われており、街全体が世界遺産に認定されている。歴史ある建物を見ながら、迷路のように入り組んだ路地を散策するのが楽しい。

絶景 11 ポルトガル 【イベント】

アンブレラ・スカイ・プロジェクト

真夏の空に描かれた
カラフルな傘のアート

アゲダ
ポルトガル

 絶景への
ご案内

ポルトのフランシスコ・カルネイロ空港からメトロE線に乗り、約30分でカンパニャン駅へ。ここからアルファ・ペンドゥラール高速鉄道に乗り換えて、約30分でアヴェイロ駅へ。さらにヴォウガ線に乗り換えて約40分でアゲダに到着。空港からアゲダまで、乗り換え時間も含め、約2時間30分。ヴォウガ線は本数が少ないので注意を。アゲダ駅からアンブレラ・スカイ・プロジェクトの会場までは徒歩10分ほど。ポルト市内でレンタカーを借りて、高速道路A20、E1、A25などを経由して南下し、アゲダまで行く方法もある(渋滞がなければ約1時間)。

たとえばこんな旅 ▶ 3泊6日

1日目	成田 → (機中泊)
2日目	イスタンブールで乗り継ぎ → ポルト → 列車でアゲダへ(アゲダ泊)
3日目	アンブレラ・スカイ・プロジェクトなどを見学(アゲダ泊)
4日目	アゲダ → 列車でポルトへ・カテドラルなど歴史地区を観光(ポルト泊)
5日目	ポルト → イスタンブールで乗り継ぎ → (機中泊)
6日目	成田着

壁面を飾る
イラストも楽しい
アジタゲダ

おすすめの季節

7月

アジタゲダは例年7月に開催。日程は公式facebookページ(下記)で確認を。朝晩は肌寒いこともあるので、長袖の上着を持参して。www.facebook.com/AgitAgueda/

旅の予算

約14.5万円から

ポルト・カンパニャン駅からアゲダ駅までの列車料金(往復、ポルト・カンパニャン―アヴェイロ間は高速列車を利用)は約6000円〜、ポルトのホテルの宿泊料金は1泊約5000円〜。アゲダのホテルの宿泊料金は1泊約7000円〜。

旅のポイント

3000本以上の傘が4つのメインストリートを飾るアンブレラ・スカイ・プロジェクトは、アジタゲダの人気イベント。カラフルな傘が"天空"を埋める景色は、独創的で美しい。会期中にはほかにもパフォーマンスやコンサートなどが行われ、街は色彩と活気に包まれる。

MORE FUN!

レトロな市電で
旧市街散策

リスボンに次ぐポルトガル第2の都市、ポルト。旧市街には市電が走っていて、街歩きの"足"として人気。

世界遺産の歴史地区で
美しい建物めぐり

街を見下ろす丘の上に建つカテドラル(写真)、18世紀に建てられたバロック様式のクレリゴス教会、かつてのポルト経済の中心ポルサ宮……。街を歩けば、ポルトの歴史や文化と出会える。

©luisapuccini

ポルトガルの装飾タイル
アズレージョ

ポルトにあるサン・ベント駅の構内(写真)やカテドラルの回廊などさまざまな建物や教会で、美しいアズレージョを見ることができる。単に模様だけではなく、宗教画や歴史画が描かれているものも。

 おまけネタ

ポルトの名物といえば、ポートワイン。糖度が残っている発酵途中のぶどう果汁にブランデーを加え、酵母の働きを止める製法が特徴の酒精強化ワインで、独特の甘みやコクが特徴。マデイラ、シェリーと並び世界3大酒精強化ワインと呼ばれる。本場の味を、ぜひお試しあれ。

絶景 12 メキシコ ［街歩き］

グアナファト散策

カラフルな街を歩いたら
おもちゃ箱の中にいるみたい

メキシコ
グアナファト

DESTINATIONS 絶景への
ご案内

メキシコ独立の英雄
ピピラも待っています

成田からメキシコシティーには、週4便運航しているアエロメヒコが便利。メキシコシティーのファレス国際空港を出たら、タクシーまたはメトロ5号線に乗ってアウトプセス・デル・ノルテ駅で下車、駅前の北方面バスターミナルへ。グアナファトへはETNおよびプリメーラ・プラスのバスが運行している。所要時間は約5時間。グアナファトのバスターミナルは郊外にあるので、街の中心地へはタクシーで。グアナファトの街の眺望が一番美しいのはピピラの丘で、夜景スポットとしても人気。歩いても登れるが、治安がよくないので、タクシーの利用を。

たとえばこんな旅 ▶ 2泊6日

1日目	成田 → メキシコシティー → バスでグアナファトへ(グアナファト泊)
2日目	自由行動・グアナファトの街を散策し、ピピラの丘から眺望を楽しむ (グアナファト泊)
3日目	自由行動・イダルゴ市場で朝食、お土産を探す → バスでメキシコシティーへ → メキシコシティー → 深夜にモンテレイで乗り換え →
4日目	モンテレイ → (機中泊)
5日目	(機中泊) →
6日目	成田着

📢 おすすめ！
長谷川千遥さん
夕暮れが最高でした。昼から夜へ移り行く古都の街並みは想像を超える美しさで、滞在中は何度も展望台へ通ってしまいました！

おすすめの季節

11月から3月

雨が少なく暑さも和らぐ11月から3月初旬あたりがおすすめ。朝晩は冷え込むので上着の持参を。3～5月は年間を通して、一番暑い季節。また5～9月は雨季となる。

旅の予算

約13万円から

グアナファトのホテルの宿泊料金は1泊約8000円～。メキシコシティー・グアナファト間の高速バス料金は約8200円(往復)。

旅のポイント

グアナファトは高地にあるため紫外線が強い。外出にはサングラス、帽子、長袖の衣服着用が望ましい。グアナファト州は近年、邦人の犯罪被害が増えているので十分に注意を。また、高速バスの席もデラックス、1等、2等とあるが、2等は途中のバス停で強盗事件が多発しており、利用は避けたい。タクシーも流しにはなるべく乗らない。

+αのお楽しみ
MORE FUN!

グアナファト名物
街中を網羅する地下道
街のいたるところに地下道への入り口がある。この地下道、以前は地下水路や銀の坑道として使用されていたもの。カンテラが灯る石造りの地下道は雰囲気抜群。治安上、車中からの見学が望ましい。

民芸品やお土産
探しに便利な市場
1910年に建設された駅舎跡を利用したイダルゴ市場。食料品、日用雑貨、民芸品の陶器や革製品などが揃う。

メキシコ屈指の美しさ
重厚なファレス劇場
1873年から30年もの月日をかけて完成した劇場。豪華絢爛な内装と荘厳な外観で、メキシコでも有数の美しい劇場として有名。劇場名はメキシコ建国期の大統領、ベニート・ファレスにちなんだもの。

おまけネタ

標高約2000mに位置するグアナファトでは、高地障害に注意。頭痛、吐き気、動悸、息切れ、倦怠、不眠などの症状が起こりやすい。無理のない旅程を組み、初日はあまり歩き回らず、水分、睡眠を十分に取って夕食や飲酒は控えめにすること。なお、水は市販のミネラルウォーターが安全。

絶景 13 ボッパルトのパラグライダー［スカイアクティビティ］ ドイツ

ボッパルトはドイツ西部のラインラント＝プファルツ州にある街。蛇行するライン川の左岸に位置するこのエリアはパラグライダーが盛んで、対岸のフィルセンまで約700mの空中散歩を楽しめる。空から見るライン川の蛇行はとても美しく、世界遺産に登録されているライン渓谷も眺められる。パラグライダーを体験するには、日本のパラグライダースクールなどが主催するツアーへの参加が望ましい。

死ぬまでに行きたい！世界の絶景体験MAP

本書で紹介されている絶景をわかりやすく世界地図にまとめました。行きたい場所を中心に旅行の日程を立てる際の参考にしてみてください。これまで行ったことがない国を中心にまわってもいいですし、ひとつの国をゆっくり楽しむのもいいでしょう。旅先で見つけたステキな「体験」を書き込んでいけば、あなただけの「宝の地図」が完成です！

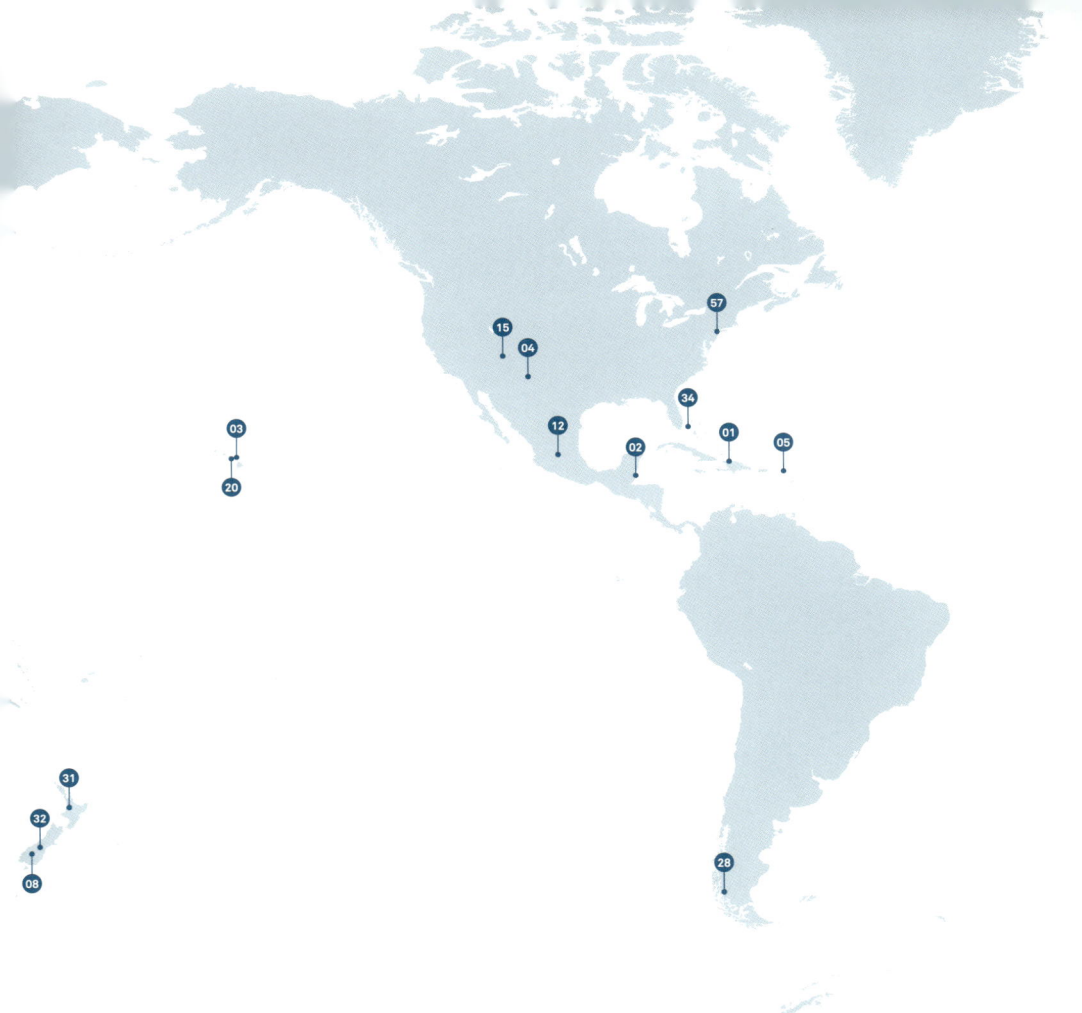

絶景 <u>14</u>　グレンフィナン高架橋での機関車体験 ［フィールドアクティビティ］　イギリス（スコットランド）

北部スコットランド地方にあるグレンフィナン高架橋は、ウエスト・ハイランド鉄道のグレンフィナン駅の近くにあり、21個のアーチ橋が描く美しい曲線が名高い橋。人気映画『ハリー・ポッターと秘密の部屋』のロケ地に使用されており、ホグワーツ魔法学校へ向かう空飛ぶ車が着地した場所として登場する。5～10月のみ蒸気機関車が運行しており、映画のワンシーンさながらの乗車体験をすることができる。

絶景 13　ドイツ【スカイアクティビティ】

ボッパルトのパラグライダー

緑の丘から飛び立つ
カラフルなパラグライダー

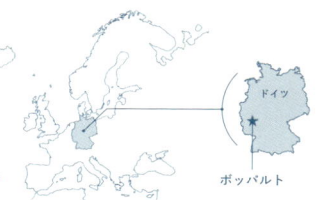

ドイツ

ボッパルト

 絶景への
ご案内

パラグライダーを体験するには、日本からのツアーが開催された場合に参加するのが現実的だが、ここでは個人でボッパルトにアクセスする方法を紹介する。フランクフルト・マイン国際空港に到着したら、空港の地下にあるフランクフルト空港近距離駅へ。ドイツ鉄道の地域快速（RE）に乗り、約1時間20分でボッパルト駅に到着する。

たとえばこんな旅・3泊5日

1日目	成田 → ソウルで乗り継ぎ → フランクフルト → 列車でボッパルトへ（ボッパルト泊）
2日目	観光＆パラグライダー体験（ボッパルト泊）
3日目	観光＆パラグライダー体験（ボッパルト泊）
4日目	ボッパルト → 列車でフランクフルトへ → フランクフルト → ソウル（機中泊）
5日目	ソウルで乗り継ぎ → 成田着

名品として名高い
トーネットチェアは、
ボッパルト生まれ

🗨 行きたい！　詩歩
現地に観光客向けのアクティビティ会社がないので、日本のパラグライダースクールでツアーが開催されるのを待ちましょう。よし、それまでにライセンスを取るぞ！

高台から見ると
蛇行しているのが
よくわかる！

©eugen_z

おすすめの季節

5月から9月

旅のベストシーズンは初夏から初秋にかけて。ドイツの中でも比較的温暖な地域で、夏場の7～8月は最高気温が25℃を超える日もあるが、空気が乾燥しているので過ごしやすい。

旅の予算

約14万円から

※パラグライダーの料金は計上していない。

フランクフルト空港近距離駅からボッパルト駅までの鉄道料金（往復）は、約5000円。ボッパルトのホテルの宿泊料金は1泊約9000円～。

旅のポイント

現状、外国人観光客がボッパルトへ行って、すぐにパラグライダー体験ができるサービスはない。ただ、日本のパラグライダースクールなどが、海外ツアーを企画することはある。日本のスクールでパラグライダーの技術を習得し、ボッパルトでパラグライダー体験をするツアーがあったときに、それに参加するのがおすすめ。

 のお楽しみ

MORE FUN!

©thirteencat

チェアリフトに乗って
ライン川の
大蛇行を見よう

ボッパルトの駅を出て西へ10分ほど歩くと、チェアリフト乗り場に到着する。チェアリフトに乗って約20分で終点へ。さらに10分ほど歩くと展望台とレストランがある。レストランのテラス席に座れば、目の前にライン川がU字に大きく蛇行している絶景が広がる。タイミングがあえば、パラグライダーが飛行している様子が見られることも。帰りは、大蛇行を見ながら地上に戻ることができる。チェアリフトは、往復約1000円で、11～3月は休み。

ライン川を下って
ボッパルトに来る方法も

ボッパルトの中心は白い教会が目印のマルクト広場。その裏手はライン川クルーズの船着場だ。時間があれば、ライン川クルーズの出発点のマインツから、クルーズ船に乗って行くのも楽しい。

©manfredxy

 おまけネタ

ボッパルトから車で1時間あまり南へ下ったところにあるリューデスハイムは、ドイツ有数のワインの産地。つぐみ横丁（ドロセルガッセ）と呼ばれる小路の両側には多くのワインレストランがあり、昼間からバンドの生演奏や歌声が聞こえる。名産の白ワインをぜひ味わって。

絶景 14 イギリス（スコットランド）【フィールドアクティビティ】

グレンフィナン高架橋での機関車体験

カーブを曲がって
いざホグワーツ魔法学校へ！

グレンフィナン高架橋

スコットランド

 **絶景への ご案内**

グラスゴー国際空港から市内へは、グラスゴー・シャトルというバスで約15分。ジョージ・スクエアのすぐ近くにあるクイーン・ストリート駅からウエスト・ハイランド鉄道のマレイグ行きの列車に乗れば、グレンフィナン高架橋を通過するが、せっかくなら蒸気機関車ジャコバイト号に乗ろう。クイーン・ストリート駅から約3時間45分でジャコバイト号の起（終）点となるフォート・ウィリアム駅に着く。ここからジャコバイト号に乗れば、約30分でグレンフィナン高架橋が見えてくる。終点のマレイグまでは約2時間。

ジャコバイト号の最後尾車両に乗れば、こんな景色も撮れます！

©phaendin

たとえばこんな旅 ▶ 4泊6日

1日目	成田 → アムステルダムで乗り継ぎ → グラスゴー（グラスゴー泊）
2日目	グラスゴー → 列車でフォート・ウィリアムへ・蒸留所見学をする（フォート・ウィリアム泊）
3日目	蒸気機関車ジャコバイト号に乗る（フォート・ウィリアム泊）
4日目	フォート・ウィリアム → 列車でグラスゴーへ・市内を散策する（グラスゴー泊）
5日目	グラスゴー → アムステルダムで乗り継ぎ → （機中泊）
6日目	成田着

📢 **行きたい！**
詩歩
スクリーンで見たハリーポッターの世界がここに！あの音楽が頭の中で自動再生してしまいそうです。

おすすめの季節

6月から9月

ハイシーズンは夏場。ジャコバイト号の運行は、5月上旬〜10月下旬まで。通常は平日の午前中出発の便のみだが、6月中旬〜9月中旬までは土・日曜も運行し、5月中旬〜8月下旬の平日と7月初旬〜8月下旬までの土・日曜は午後出発の便もある。

旅の予算

約16万円から

空港から市内までのバス代は約2200円（往復）、グラスゴーからフォート・ウィリアムまでの列車料金（往復）は約7000円〜、ジャコバイト号の料金（往復）は約5500円〜。グラスゴーのホテルの宿泊料金は1泊約6500円〜。フォート・ウィリアムのホテルの宿泊料金は1泊約8000円〜。

旅のポイント

フォート・ウィリアムを出て、進行方向左側に見えてくるのが、グレンフィナン高架橋だ。線路がカーブしているので、最後尾の車両に乗れば、機関車の姿と橋を一緒に眺めることができる。同じ列車が往復するので、日帰りも可能。チケットの予約は、蒸気機関車を運行するウエスト・コースト鉄道の公式サイト（下記・英文）で。
www.westcoastrailways.co.uk

 **＋αのお楽しみ MORE FUN!**

建物見物だけでも大充実！グラスゴーの街を歩こう
ゴシック建築のグラスゴー大聖堂（写真）、スコットランドが世界に誇る建築家、マッキントッシュ設計のグラスゴー・スクール・オブ・アート、グラスゴー最古の館、プロバンド領主館など見どころ満載。

©VisitBritain / Britain on View

SCOTCH WHISKY
RICH AND FULL BODIED

キルトが民族衣装
1枚の布をプリーツにたたみ、ウエストをベルトで縛ってベルトの上に出た部分を肩に回してピンなどで留めるのが伝統的な着方。

スコッチウイスキーの聖地で本物の味を楽しむ
日本のウイスキーの父とも呼ばれる竹鶴政孝も、ウイスキーづくりを学んだスコットランド。グラスゴーやフォート・ウィリアム周辺にも見学できる蒸留所があるので、訪ねてみよう。

 **おまけネタ**

フォート・ウィリアムの街の中心から北へ約3kmほどの場所に、19世紀前半につくられたベン・ネヴィス蒸留所がある。ここでつくられる10年物のシングルモルト「ベン・ネヴィス」は、コンテストで3年連続金賞を受賞した名品だ。フォート・ウィリアム周辺はハイキング・コースも多いので、山歩きを楽しんでも。

絶景 15　モニュメントバレーへドライブ ［フィールドアクティビティ］　アメリカ

モニュメントバレーは米南西部、ユタ州とアリゾナ州にまたがる一帯。荒野には、かつて火山活動で隆起した大地が川や雨水に侵食されて作られた巨大な岩が多数点在しており、テーブル状のものは「メサ」、細い柱状のものは「ビュート」と呼ばれる。モニュメントバレーに向かって、巨大な一枚岩を正面に望みながら一直線の道を走破する「ハイウェイ 163」は、世界中のドライバーの憧れの道である。

絶景 16　シギリヤロックの空中遊覧 [スカイアクティビティ]　スリランカ

シギリヤロックは、スリランカ中央部の密林にそそり立つ、高さ約180mの巨大な1枚岩。頂上には平地が広がり、5世紀後半頃には18年間だけ「天空の都」が置かれていた。セスナなどで空中遊覧すると、その全景を眺めることができる。頂上まで階段で登ることもでき、当時の遺構が見られる。また岩壁の中腹には「シギリヤ・レディ」と呼ばれる妖艶な天女が描かれており、当時の繁栄を物語っている。

絶景 15 アメリカ ［フィールドアクティビティ］

モニュメントバレーへドライブ

どんどん近づく岩山に
心臓の鼓動も加速する

モニュメント
バレー

アメリカ

映画で見た風景が
今ここに！

DESTINATIONS 絶景への
ご案内

ラスベガスからI-15号を北上する。セント・ジョージ方面を進み、さらに北に行くと切り立った崖が両脇に出現する。ハリケーン方面の出口が現れたら降りてフレドニア方面へ。フレドニアからカナブ、ペイジ方向に進みカイエンタの町に到着したら、US-163（ハイウェイ163）を北に車を走らせる。しばらくすると、まっすぐに伸びた道の先に2つの個性的な岩、ふくろうの形をした"オウルロック"と、酋長の横顔に例えられる"エルキャピタン"が見えてくる。ラスベガスからは約7時間のドライブだ。

たとえばこんな旅 ▶ 4泊7日

1日目	成田 → ダラスで乗り換え → ラスベガス（ラスベガス泊）
2日目	ラスベガス → 車でモニュメントバレーへ（モニュメントバレー泊）
3日目	自由行動・バレーツアーに参加し公園内を観光（モニュメントバレー泊）
4日目	自由行動・バレードライブを楽しむ → 車でラスベガスへ（ラスベガス泊）
5日目	自由行動・ラスベガスのカジノで遊ぶ → ラスベガス → ロサンゼルスで乗り換え（空港泊）
6日目	（機中泊）
7日目	→ 成田着

🗨️ おすすめ！
レイコリンさん
こんなにまっすぐ続く道のドライブは初めて！ まわりの景色はインパクト大で、ここ本当に地球なのって思っちゃう（笑）

おすすめの季節
5月から6月
9月から10月

夏の7〜8月はかなり暑くなるので、その前後がおすすめ。冬は寒く雪が降ることも。公園内は日陰がないので、帽子、サングラス、日焼け止め、水は必携。砂嵐が吹くこともあるので、防風の上着があると便利。

旅の予算
約18万円から

モニュメントバレーのホテルの宿泊料金は1泊約2万円〜。ラスベガスのホテルの宿泊料金は1泊約6000円〜。レンタカー代は1日約6000円〜。モニュメントバレー入園料は約2200円。バレーツアー参加費用は約7000円〜。

旅のポイント

公園内では地元の旅行代理店による、ジープツアーやホースツアーが催行されており、ビジターセンターで申し込める。所要時間は約1時間半から約6時間、料金も約7000円から約1万8000円までと多様。一般車立ち入り禁止区域など、ツアーに参加しないと見学できないところも訪れる。

+α のお楽しみ
MORE FUN!

西部劇の歴史を伝える
グールディングス・ロッジ

公園内にある宿泊施設はザ・ビューと、グールディングス・ロッジのみ。グールディングス・ロッジは当地を舞台に、数々の映画を撮影したジョン・フォード監督の常宿としても有名。

岩絵から古の人々に
思いをはせる

モニュメントバレーにある岩、サンズアイには、約800年前に古代先住民が掘った岩絵が残っている。

自然の作る光景に息をのむ
アンテロープキャニオン

ラスベガスからモニュメントバレーまでの途中にある、ペイジの東に位置するアンテロープキャニオン。鉄砲水が砂岩を削って作ったという、幻想的な光景は必見。ぜひとも立ち寄りたい。

おまけネタ
モニュメントバレー内にある「バレードライブ」は全長約27kmの観光用の未舗装道路。ビジターセンターが出発地点でドライブ時間は2時間ぐらい、車種は四駆が望ましい。またバレードライブには売店やトイレなどがないので要注意。走行可能な時間は5〜9月が6〜20時、10〜4月が8時〜16時30分。

シギリヤロックの空中遊覧

18年で幕を閉じた儚い都
見下ろしながら何を思う?

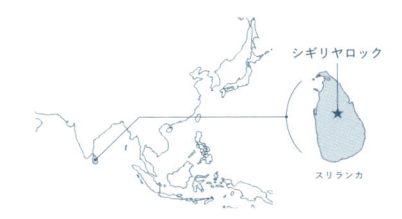
シギリヤロック
スリランカ

絶景への
ご案内

コロンボの中心にあるコロンボ・フォート駅からインターシティまたはエキスポ・レイルに乗り、約2時間40分でキャンディへ。古都キャンディはシンハラ王朝最後の都でスリランカ第4番目の都市。この街からシギリヤ空港へは、ツーリストカーで約2時間半。シギリヤ空港からいよいよセスナで20分の空中散歩に旅立つ。迫力のシギリヤロックを上空から堪能するほか、ハバラナ、ダンブッラなど文化三角地帯の一部も空から見ることができる。

1982年に
世界遺産に登録!

© Sri Lanka Tourism

たとえばこんな旅 ▶ 3泊5日

1日目	成田 → 中国国内で乗り換え → ニゴンボ(ニゴンボ泊)
2日目	ニゴンボ → バスでコロンボ・フォート駅へ → 鉄道でキャンディ駅へ・キャンディ湖、仏歯寺、王宮跡等を散策(キャンディ泊)
3日目	キャンディ → ツーリストカーでシギリヤ空港に移動・遊覧飛行を楽しむ → ツーリストカーでシギリヤロックに行き、頂上まで徒歩で登る → ツーリストカーでキャンディへ(キャンディ泊)
4日目	キャンディ → 鉄道でコロンボへ → ニゴンボ → (機中泊)
5日目	中国国内で2回乗り継ぎ → 成田着

📢 おすすめ!
しんちゃんさん
シギリヤロックは上空から見ると、濃い緑の中に動物が背中を丸めているよう。ここは空から見ても地上から登っても感動する。今も残るライオンのテラスにある爪は、びっくりするほどの大きさ。当時の王様の権力のすごさが想像できた。

おすすめの季節
6月から9月
12月から3月
雨が多いのは4〜5月と10〜11月。荒天だと遊覧飛行が中止となり、シギリヤロックを登る際も足元が滑りやすくなるので、雨が多いシーズンは避けたほうが賢明。気温は年間を通して高く、日中は30度前後。

旅の予算
約11.5万円から
ニゴンボのホテルの宿泊料金は1泊約7000円〜、キャンディのホテルの宿泊料金は1泊約8000円〜。コロンボ―キャンディの電車代は約1400〜2400円(往復)。キャンディ‐シギリヤのツーリストカー代は約8000円(往復)。シギリヤロック遊覧飛行代は約1万4000円(最少催行人数4人)。シギリヤロック入場料は約3300円。

旅のポイント
シギリヤロックの遊覧飛行は、他にもコロンボからキャンディなどの観光地とシギリヤ上空を回るヘリツアーなどがある。日本の旅行代理店のツアーで遊覧飛行を組み込んだものも。シギリヤ空港からシギリヤロックをまわるセスナツアーは、シナモンエアーのサイト(下記・英文)から問い合わせを。ただし予約確定には時間を要する場合も。なお、現在スリランカでは危険情報がでているので安全には注意を。
www.cinnamonair.com

+αのお楽しみ
MORE FUN!

おみやげにもよい
スリランカの紅茶
有名なスリランカの紅茶は、主に5エリアで生産されている。産地によって味も変わるので、飲み比べも楽しい。

シギリヤの意味は「ライオンの喉」
かつては頭部もあり、両足の間に階段を挟み込む獅子の姿が築かれていた。階段は口を開けた獅子の喉を通り、上へと続いていたが、今は鋭い爪の前足のみが残存。雄大さと裏腹に物悲しさも漂う。

© Sri Lanka Tourism

© Sri Lanka Tourism

暗殺した父王の霊をなだめるために描かれた天女
地上100m付近の岩のくぼみに描かれた「シギリヤ・レディ」の壁画。現在約20人が残存しているが、5世紀当初には500人もの天女たちが描かれていたという。

おまけネタ

時間を節約したい旅行者には、ツーリストカーがおすすめ。運転手付きで宿泊を含む長距離の移動でも利用できる。参加人数によりセダン、バン、ミニバスと車の大きさも変わる。バスや列車に比べ待ち時間などの制約がないため、効率的に観光できる。手配は宿泊先のホテルスタッフに相談を。

絶景 <u>17</u>　　ホーエンツォレルン城の雲海鑑賞［自然体験］　ドイツ

ドイツ南部バーデン・ヴュルテンベルク州、標高約855mの山頂にあるホーエンツォレルン城は、過去に皇帝を輩出した名門・ホーエンツォレルン家の居城。ドイツ三大名城の一つとされ、丘陵に佇む姿や豪華絢爛な内装、宝物は一見の価値がある。気象条件が揃うと山のふもとに雲海が発生し、近隣の山から見ると、まるで「天空の城」のような幻想的な姿を見ることができる。

©THEPOORTRAVELER

絶景 18　天門山のスカイウォーク体験 ［フィールドアクティビティ］　中華人民共和国

天門山は中国中南部・湖南省にある標高約1517mの山。2011年、この山の絶壁に長さ60m、最高地点が1430mもの高さにある全面ガラス張りの散策路「スカイウォーク」が完成。眼下に奇峰が連なる水墨画のような光景を望みながら、スリル満点の空中散歩を楽しむことができる。999段の階段を登って訪れる、天然の巨大な空洞「天門洞」や、映画『アバター』のロケ地として有名な景勝地・武陵源も近い。

絶景 17 ドイツ [自然体験]

ホーエンツォレルン城の雲海鑑賞

これぞ「天空の城ラピュタ」
ここなら城にも行けちゃう！

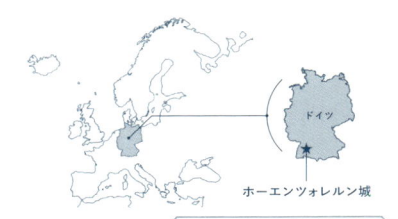

ドイツ

ホーエンツォレルン城

DESTINATIONS 絶景への
ご案内

📢行きたい！
詩歩
朝こんな絶景に出会えたら、
その日はもうお腹いっぱい
になっちゃうかも（笑）

フランクフルト空港のフランクフルト空港遠距離駅から高速鉄道のICEに乗り、約1時間20分でシュトゥットガルト中央駅へ。そこから快速列車のIREかREに乗り換え、約1時間でテュービンゲン-デーレンディンゲン駅に着く。城の最寄りのヘッヒンゲン駅までは、ここからIREかHzLで30分足らず。この先はバスで城下駐車場まで行き（約15分）、専用シャトルバスに乗れば約5分で城に着く。城下駐車場から城まで徒歩だと約30分。城内ではガイドツアーを実施。城のギフトショップには日本語のパンフレットも。

たとえばこんな旅 ▶ 4泊6日

1日目	成田 → モスクワで乗り継ぎ → フランクフルト（フランクフルト泊）
2日目	フランクフルト → 列車でテュービンゲンへ・市内を散策 → 列車でヘッヒンゲンへ（ヘッヒンゲン泊）
3日目	ヘッヒンゲン → バスで城下駐車場へ・ホーエンツォレルン城を見学 → タクシーでアルプシュタットへ（山のホテル「ツォラーシュタイクホーフ」泊）
4日目	アルプシュタット → ツェラーホーンを登り、ホーエンツォレルン城を望む → タクシーでヘッヒンゲンへ → 列車でシュトゥットガルトへ（シュトゥットガルト泊）
5日目	シュトゥットガルト → 列車でフランクフルトへ → フランクフルト → モスクワで乗り継ぎ → （機中泊）
6日目	成田着

ツェラーホーンの
頂上から見たお城

おすすめの季節

秋から冬

雲海は、晴れて風の弱い未明から早朝にかけて発生することが多い。気温が一段と冷え込む秋から冬にかけて、運がよければ、雲海の上に浮かぶ城を見ることができる。また、紅葉のシーズンも景観が見事。

旅の予算

約13万円から

フランクフルト、ヘッヒンゲンのホテルの宿泊料金は1泊約7000円〜、シュトゥットガルトのホテルの宿泊料金は1泊約1万円〜。「ツォラーシュタイクホーフ」の宿泊料金は1泊5500円〜。フランクフルト空港遠距離駅からヘッヒンゲンまでの往復運賃は約1万3000円。ホーエンツォレルン城のガイドツアー料金は約1500円。

旅のポイント

ホーエンツォレルン城が雲海に浮かぶ風景が見たいなら、城の南南東に位置するツェラーホーンの頂上に登るのがおすすめ。アルプシュタットの街にある山のホテル「ツォラーシュタイクホーフ」の駐車場から歩いて約30分で、丘の上の展望台まで行ける。「ツォラーシュタイクホーフ」の予約は公式サイト（英文）より可能。
www.hotel-restaurant-zollersteighof.de

+α のお楽しみ

MORE FUN!

文豪ヘッセも過ごした
大学の街、テュービンゲン
天文時計と壁画が美しい市庁舎を中心とした旧市街には、ホーエンテュービンゲン城やテュービンゲン大学など、おもな見どころが集まる。

CANNSTATTER VOLKS FEST

ドイツ第2のビール祭りで
盛り上がろう！
ミュンヘンのオクトーバーフェストに次ぐ規模のカンシュタット・フォルクスフェストは、毎年9月下旬〜10月上旬にシュトゥットガルトで開催。

シュトゥットガルトで
ドイツの名車を見学
1886年のエンジン付き馬車から最新のレーシングカーまでが並ぶメルセデス・ベンツ博物館。ポルシェ博物館には歴代の名車約80台が揃う。両館とも日本語の音声ガイドが借りられるので、じっくり名車を堪能したい。

おまけネタ

ホーエンツォレルン城はガイドツアーを実施していて、大広間や辺境伯の間、王女の青の部屋など城内を見学することができる。とくに、宝物館にあるフリードリヒ大王の遺品や142個のダイヤモンドが散りばめられた皇帝の冠などは見逃せない。

絶景 18　中華人民共和国　【フィールドアクティビティ】

中華人民共和国　天門山

天門山の
スカイウォーク体験

あなたは踏破できる？
ガラスの下は地獄の底！

絶景への
ご案内

天門山や武陵源の拠点となる、張家界までは上海や広州などを経由。上海からは約2時間30分、広州からは約1時間40分で張家界荷花空港に到着する。空港からの交通手段はタクシーまたは路線バス。張家界の市街地の南にあるロープウェイ乗り場に向かい、麓駅から山頂の終着点まで約30分、風景の変化を楽しみながらの行程となる。山頂から西線ルートを進むと、絶壁に張り付くように設置された、ガラス張りのスカイウォーク（天門山玻璃桟道）が出現する。用意されている靴カバーを装備して、空中回廊の散歩に出発！

■行きたい！　詩歩
近年ガラスの吊り橋などガラスの建造物が多く新設されている中国。中でも高さが最高級なのがココ。渡りたいような、渡りたくないような……。

たとえばこんな旅 ▶ 2泊4日

1日目	成田 → 上海で乗り継ぎ → 張家界（張家界泊）
2日目	自由行動・天門山に登り、スカイウォークを散歩（張家界泊）
3日目	自由行動・武陵源風景名勝区を観光 → 張家界 → 上海（空港泊）
4日目	上海で乗り継ぎ → 成田着

3Dの山水画を
見ているような
迫力ある風景！

おすすめの季節

4月から10月

観光のベストシーズンは4月〜10月だが、中でも天候が安定している4月と10月がおすすめ。7月は、にわか雨が多いシーズンで、冬には雪も降る。

旅の予算

約8万円から

張家界のホテルの宿泊料金は1泊約5000円〜、天門山ロープウェイ代（入山料など含む）は約4300円。

旅のポイント

天門山の主要観光スポットは1日あれば回れるが、武陵源まで足を延ばすのなら、さらに2〜3日確保を。山の上は麓よりも気温が低いので服装にも注意。靴は滑りにくい靴底のものを選び、サングラスと帽子も忘れずに。また冬場は、閉鎖される場所があったり、ロープウェイもメンテナンスで運行しないことがあるので、事前に調べておこう。

+αのお楽しみ
MORE FUN!

HOT & SOUR FISH

**中国八大料理の一つ、
湖南料理を楽しもう**
湖南料理は酸味と辛味が特徴。名物は蒸し魚料理の「泡椒魚頭」。辛いが一度食べると病みつきになるおいしさ。

**世界最長クラスの
天門山ロープウェイ**
天門山の麓と頂上を繋ぐのは全長7455mのロープウェイ。中腹部では、2005年に完成した、全長10.77km、99のカーブがある山道・通天大道を真上から見ることができる。

**天国への入口!?
壮大な光景の天門洞**
岩壁に空いた巨大な穴、天門洞は紀元263年に起こった地震により、形成されたといわれている。999段の階段を上ると、洞に到達でき、周辺の馬頭山、七星山、張家界などが一望できる。

おまけネタ

映画『アバター』のロケ地として有名となった張家界の武陵源自然風景区。地殻変動で隆起した、高さ200mを超える巨大な岩の柱が林立している。その数なんと3100本以上！ その風景は畏怖さえも抱かせるほど。大自然のパワーを感じてこよう。

絶景 <u>19</u>　「海中の滝」の空中遊覧 ［スカイアクティビティ］　モーリシャス

モーリシャスはマダガスカルの東に浮かぶ、東京都とほぼ同じ面積の島国。周囲を青い海に囲まれ、その美しさから「インド洋の貴婦人」と呼ばれている。「海中の滝」とは、島の南西部の海の上空を遊覧すると見られる、海に滝が流れ落ちているような光景のこと。これは水深10mほどのくぼみに体積した白砂が描く砂紋が、目の錯覚で滝のように見えてしまう現象で、実際には滝は存在しない。

「海中の滝」の空中遊覧

海の中に滝!?
目の錯覚が引き起こす奇景

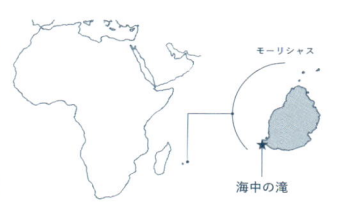

モーリシャス

海中の滝

絶景への ご案内

日本からは、中東やアジアで乗り継いでモーリシャス島のサー・シウサガル・ラングーラム国際空港へ。「海中の滝」を見物するためのヘリコプターの発着は、空港か大きなリゾートだ。ダイビングも楽しみたいなら、ダイビングスポットが集まる島の南西側の海沿いに宿をとるのが便利だ。街歩きを楽しみたいなら、島の中央部にある、モーリシャスきっての都会・キュールピップや首都ポート・ルイスなどがおすすめだ。

たとえばこんな旅 ▶ 3泊6日

1日目	成田 → (機中泊)
2日目	ドバイで乗り継ぎ → モーリシャス(モーリシャス泊)
3日目	自由行動・ヘリコプターツアーを楽しむ(モーリシャス泊)
4日目	自由行動・アクティビティや街歩きを楽しむ(モーリシャス泊)
5日目	モーリシャス → ドバイで乗り継ぎ → (機中泊)
6日目	成田着

📢おすすめ！
tomoyukiさん
世界60か国まわったけどここがNo1でした。天気、潮の満ち引き、時間等の条件をクリアできたときのみ見られる奇跡。この奇跡の絶景に辿り着いた瞬間、叫んでしまいました。

ラグーンに囲まれた小さな島国
公共の交通手段はバスとタクシー

モーリシャス島にのみ生息していた幻の鳥ドードー。

おすすめの季節

5月から10月

5〜10月は爽やかな気候。真冬にあたる7〜8月の朝晩は肌寒いので、羽織るものがあると便利。11〜4月は暑く、しかも1月下旬から2月中旬は台風のピーク。ただ、モーリシャス島を直撃することは少ない。

旅の予算

約27万円から

ヘリコプターツアーの料金(60分、2人乗り、空港発着)は、約9万3000円(1人当たり約4万6500円)、モーリシャスのホテルの宿泊料金は1泊約1万5000円〜。

旅のポイント

ヘリコプターツアーはモーリシャス航空が催行している。大きなリゾートホテルからの発着も可能だが、空港発着のツアーのほうが割安だ。ツアーの申し込みは、直接モーリシャス航空(下記サイト・英文)へ連絡するか、旅行代理店に頼もう。
www.airmauritius.com/helicopter.htm

MORE FUN!

レジャーパークでライオンとお散歩！
島の南西部にある「カゼラ・ワールド・オブ・アドベンチャー」では、世界でも珍しい、ライオンとお散歩できる「ウォーク・ウィズ・ライオン」と、ライオンやチーターに触れられる「インタラクション」というアクティビティが超人気。

SO CLOSE!

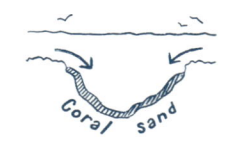

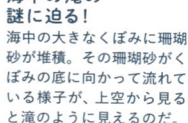

Coral sand

海中の滝の謎に迫る！
海中の大きなくぼみに珊瑚砂が堆積。その珊瑚砂がくぼみの底に向かって流れている様子が、上空から見ると滝のように見えるのだ。

深い森に覆われたブラックリバー渓谷
モーリシャスで渓谷美と出会えるのが、島の南西部にあるブラックリバー渓谷。「モーリシャスのグランドキャニオン」と呼ばれる景色は、穏やかな海とは異なる魅力を持っている。

おまけネタ 1681年に絶滅したといわれる、飛べない鳥、モーリシャスドードー。モーリシャス島の森に住み、先端が鋭く曲がった太く巨大なくちばしと、小さな翼、丸くまとまった尾が特徴だった。ポート・ルイスの自然歴史博物館には、モーリシャスドードーの骨格標本が展示されている。

大曲の花火（秋田県）

text：詩歩

「日本一の絶景は？」という質問ほど難しいものはありませんが、あえて答えるとしたら、この花火大会です。
人口4万人弱の大曲地区に、大会当日は80万人超も来場するというこの一大イベント、わたしは知り合いを見つけ、ありがたくも有料座敷で鑑賞してきました。

大曲の花火は3部構成。1部目は昼から始まります。この「昼花火」は大曲だけに残っている伝統の花火。ピンクや青、黄色などの煙（煙竜）を打ち上げ、その色彩と模様のバリエーションを競います。何匹ものカラフルな竜が、ぴゅ～という音とともに天高く昇っていく様は、かわいいような、儚いような。

空が暗くなり、2部目が開始。ここでは円形の花火の正確さを競います。どーん！　と打ち上がった花火は真ん丸。「わ～、満点ですかね？」と大曲在住のご家族に聞いてみると……「う～ん、70点」。その手には、自己採点表が！　なんと地元の方は、自分たちで評価をしているとのこと。毎年日本最高峰の花火を見ていると、眼も肥えるそうです。

そして3部目は「創造花火」。音楽に合わせて花火を打ち上げ、リズム感や立体感などの創造性を競うもの。この年はJ-POPから演歌まで、様々な音楽にあわせた花火が打ち上げられました。

競技大会の種目が終わったので、もう終わり？　と思ったら、なんとこれからが本番。「大会提供花火」と呼ばれる、

この日最大のプログラムが始まったのです。
「ボレロ」の楽曲とともに、川の対岸から次々と花火が打ち上げられていきます。打ち上がる幅は500mくらいでしょうか。視界に入りきらないほどです。花火は見事に調和したリズムで光を放ち、生き物のように自由に打ち上がっていきます。
会場付近は盆地のため、音楽と打ち上げ音が山に反射してコンサート会場にいるかのよう。振動を伴った「音」を体感して、身も心も痺れてしまいそうでした。瞬きする間もなく見ていると、あっという間に終了。6分半で約1800発もの花火が打ち上げられたそう。この6分半のために、何百人もの花火師さんが生命をかけていたのです。

感動に包まれ、さすがにこれで終了、と思いきや、みんなが持参してきたペンライトを点灯し始めました。何をするんだろう、と思っていたら、一斉に川に向かってペンライトを振り出したのです。川の対岸を見ると、仕事を終えた何百人もの花火師さんたちも、こちらに向かってライトを振ってくれていました。これは、花火師さんに感謝の気持ちを伝える慣習とのこと。80万ものペンライトが波を打つように揺れる姿は本当に幻想的で、花火では出なかった鳥肌が立ってしまいました。
心と身体で楽しむ花火大会、日本人なら1度は体験してほしい絶景です。

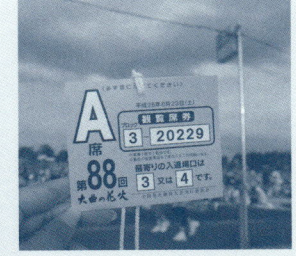

桟敷席は例年6月頃に予約開始。せっかくなら近くで見よう！

80万人となると出店も大変。焼きそばを買うのに1時間かかります。

※「大曲の花火」は、例年8月最終土曜日に開催。この本の姉妹本、『死ぬまでに行きたい！世界の絶景　日本編』でもご紹介しています。

【DATA】
雄物川河川敷特設会場（花火大会会場）
秋田県大仙市雄物川河畔大曲花火大橋下流
http://www.oomagari-hanabi.com/

絶景　20　　モロキニ島のシュノーケリング ［ウォーターアクティビティ］　アメリカ（ハワイ）

マウイ島の南西約5kmの沖合に浮かぶモロキニ島は、かつて火山の噴火口が海没した際にできた島。クレーターの一部だけが海面に残り、三日月型の形状となった。噴火口の内側には、外洋から守られた美しいサンゴ礁や250種類以上の熱帯魚、そしてウミガメが生息し、現在は世界でも珍しい、噴火口内でシュノーケリングができるスポットとなっている。海洋生物保護区域のため、島への上陸は禁止。

絶景 21　　ハートリーフの空中遊覧［スカイアクティビティ］　オーストラリア

ハートリーフは、オーストラリア大陸の北東岸に広がるサンゴ礁で、世界最大のサンゴ礁群「グレート・バリア・リーフ」の中央部にある。名称の由来はハート型の形状から来ており、ハネムーンで訪れるカップルも多い。上陸はできないため、近くのハミルトン島からヘリコプターや水上飛行機などに乗り、上空から鑑賞するツアーが人気。絶景地として有名な「ホワイトヘブンビーチ」も近くにある。

モロキニ島のシュノーケリング

海の透明度45m！
竜宮城ってこんな場所かも

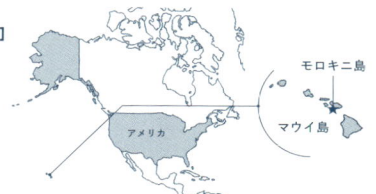

モロキニ島
マウイ島
アメリカ

**絶景への
ご案内**

目的地のモロキニ島へは、マウイ島の
マアラエア港やラハイナ港からツアー
が出ている。カフルイ空港から高速道
路の380号と30号を経由して、マアラ
エア港までは約15km、ラハイナまで
は約39km。モロキニ島でのシュノー
ケリング以外の観光を考えると、レン
タカーを借りるのが便利。現地ツアー
が多く催行されており、日本語OKのツ
アーも少なくない。料金は、ホテルま
での送迎付きで約1万6000円〜、送迎
なしで約1万2000円〜。いずれも道
具レンタル代や食事代などを含む。

たとえばこんな旅 ▶ 4泊6日

1日目	成田 → ホノルルで乗り継ぎ → マウイ島（マウイ島泊）
2日目	ハレアカラ国立公園へ（マウイ島泊）
3日目	モロキニ島でシュノーケリング体験（マウイ島泊）
4日目	マウイ島観光・イアオ渓谷をハイキング（マウイ島泊）
5日目	マウイ島 → ホノルルで乗り継ぎ → （機中泊）
6日目	成田着

モロキニ島は
お魚天国♪

おすすめ！
みゆきさん

透明度が高いので、魚がすぐそばを泳
いでいるような気がして、何度も手を
伸ばしてしまいました。太陽の光が差
し込んでくる様子も美しかったです。

おすすめの季節

通年

モロキニ島あたりの海の水温は22〜23℃。
通常の水着でOKだが、現地ではウェット
スーツの貸出も行っている。11〜3月は船
上で冷える場合もあるので、ウィンドブレー
カーやトレーナーを用意していこう。

旅の予算

約19万円から

マウイ島のホテルの宿泊料金は1泊約1万
円〜。レンタカーの料金（3日間）は約2万
円〜。モロキニ島シュノーケリングツアー
の料金は約1万2000円〜。

旅のポイント

1年を通してシュノーケリングは楽しめる
が、12〜4月は、モロキニ島の行き帰りに
ザトウクジラに遭遇することも。基本的に
トイレやシャワー室での着替えになるので、
水着は着ていき、帰り用に着替えやすいウ
ェアを持っていこう。バスタオルや日焼け
止めなども必携。船酔いしやすい人は酔い
止めも忘れずに。

MORE FUN!

**スリル満点
ジップライン！**
大自然の中をワイヤー
ロープを使って滑り降
りるジップライン。マ
ウイ島内にはカアナパ
リやハレアカラ山など
にコースがある。

**ハレアカラ国立公園で
希少な高山植物を発見！**
3000mを超えるハレアカラ山頂は、夏
でも10℃を下回る。そのため標高210
0m以上に生息するシルバーソード（銀
剣草・写真）を目にすることも。最近は、
サンセット＆星空観察のツアーも人気。

**スピリチュアルスポット、
イアオ渓谷でパワー充電！**
作家マーク・トウェインが「太平洋のヨ
セミテ」と絶賛したイアオ渓谷。雨の多
い地域で霧や雲が立ちこめるので、荘厳
な雰囲気が漂う。緑が美しく、マイナス
イオンを全身で感じることができる。

おまけネタ　「マウイ・オーシャン・センター」は、ハワイ近海に住むサメや魚と泳ぐことのできる水族館。「シャーク・
ダイブ・マウイ」というアクティビティを提供しており、メジロザメやシュモクザメなどが泳ぐ水槽に潜
ることができる。ただし、潜れるのはダイビングのライセンス保持者のみ。

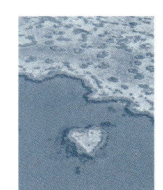

絶景 21 オーストラリア 【スカイアクティビティ】

ハートリーフの空中遊覧

世界中の女子たちが憧れる
自然がつくった奇跡の絶景

ハートリーフ

オーストラリア

絶景への
ご案内

成田から約9時間でブリスベン空港に到着。飛行機を乗り換えて、約1時間半から2時間で、鮮やかなブルーの海に囲まれ、豊かな緑も美しいハミルトン島に到着する。ハミルトン島空港はマリーナの南側に位置し、ホテルのあるリゾートエリアまでは無料のシャトルバスで、5分ほどで行くことができる。またハートリーフへの遊覧飛行も、この空港から出発する。

たとえばこんな旅 ▶ 3泊5日

1日目	成田 →（機中泊）
2日目	ブリスベン → ハミルトン島へ・シュノーケリング または島内観光を楽しむ（ハミルトン島泊）
3日目	ハートリーフを空中から堪能する（ハミルトン島泊）
4日目	ハミルトン島 → ブリスベン（ブリスベン泊）
5日目	ブリスベン → 成田着

空から見る景色は
別格の美しさ

© Hamilton Island 2013

おすすめの季節

4月から11月

平均最高気温28℃・平均最低気温21℃、真冬の7月でも平均気温20℃と、年間を通して温暖。雨季は12〜3月。1日の中で強めの雨が何度か降る。

旅の予算

約18万円から

ハミルトン島内のホテルの宿泊料金は1泊約2万円〜、ブリスベンのホテルの宿泊料金は1泊約8000円〜。ハートリーフまでの遊覧飛行は約1万7000円〜。遊覧飛行の予約は日本の旅行会社、または現地ツアーのサイト（英文）から申し込み可能。

旅のポイント

世界遺産グレートバリアリーフ国立公園内の、ハートリーフがあるウィットサンデー諸島は、最も美しいサンゴ礁と称賛されており、大小74の島々が点在する。ハートリーフやホワイトヘブンビーチなどに訪れるなら、ジェット機の発着が唯一可能なハミルトン島を拠点とするのがおすすめ。各種ツアーや、アクティビティも目白押し。

+αのお楽しみ

MORE FUN!

息を飲む美しさ！
ここは天国にあるビーチ？
全長6kmに渡る白砂のホワイトヘブンビーチは、世界で一番美しいビーチに選出されたほど。ヨットやクルーザーで島に上陸してその美しさを堪能したい。

© Hamilton Island 2013

スーパーマーケット
に出かけてみよう
マリーナビレッジのハミルトン島ジェネラルストアでは、デリや果物、野菜などが揃う。お土産探しにも◎。

GENERAL STORE

コアラを抱っこして
一緒に記念写真を♡
オーストラリア特有の動物に会える、ワイルドライフハミルトンアイランド。コアラと一緒に朝食をとったり、園内にいる動物たちと写真が撮れる。とくにコアラとの2ショットは大人気。

© Hamilton Island 2013

おまけネタ

ハミルトン島は南北約4.5km、東西3km。島内の移動は15分〜40分間隔で、グリーンルートを走るアイランドシャトル（無料）がホテルとマリーナサイドを巡回している。またバギー（ゴルフカート）のレンタルもあり、日本の普通運転免許証を提示すれば借りることができる。

絶景 <u>22</u>　**伊良部島のマーメイド体験**［ウォーターアクティビティ］　沖縄県

宮古島から、伊良部大橋を渡って行く伊良部島は、周辺に美しいエメラルドグリーンの海が広がる島。隣接する下地島には人魚伝説が残っている。伊良部島にある「Sirena Irabujima」では、近年人気が高まっているアクティビティ「マーメイドスイム」を、日本で初めて海上で実施。人魚の尾の形をしたマーメイドスーツを着用して、透明度抜群の海を泳ぐ体験ができる。

絶景 23　　波左間・海底神社の参拝ダイビング ［ウォーターアクティビティ］　千葉県

海底神社は館山市波左間付近の海中にある神社。洲崎神社の分社として1996年の海の日に水難事故防止を祈願し、設置された。高さ4mの鳥居は水深18m、社殿は水深12mの地点にある。ダイビングショップ「波左間海中公園」が設定するコース内にあり、参拝ダイビングができるスポットとして人気。周辺は黒潮の影響でさまざまな魚が見られ、時にはジンベイザメやウミガメと出会えることもある。

絶景 22 沖縄県 【ウォーターアクティビティ】

伊良部島のマーメイド体験

青い海をひらひら泳ぐ
気分はリトルマーメイド♪

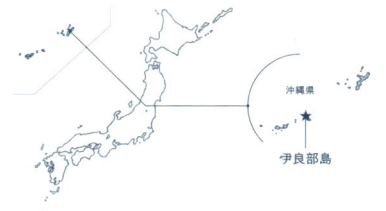

沖縄県
伊良部島

絶景への
ご案内

東京から一路那覇へ。那覇で宮古島行きの飛行機に乗り換えて、約50分のフライトで宮古空港に到着。宮古島から隣の伊良部島の中心地、国仲集落までは車で海上に伸びる伊良部大橋を渡って約30分。マーメイドスイムを体験できるSirena Irabujimaへと向かう。伊良部島は白い砂浜と透明度の高い海が広がり、沖縄でも有数の美しさ。マーメイドスーツを着て海に入れば、気分はアリエル姫に！

Sirena Irabujima
沖縄県宮古島市伊良部国仲97
080-6485-7663
http://sirenairabujima.sakura.ne.jp/

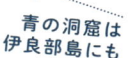

**青の洞窟は
伊良部島にも**

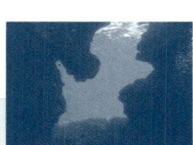

たとえばこんな旅 ▶ 2泊3日

1日目	羽田 → 沖縄 → 宮古島 → 車で伊良部島へ(伊良部島泊)
2日目	自由行動・マーメイドスイムを体験、ビーチでまったり(伊良部島泊)
3日目	伊良部島 → 車で宮古島へ → 沖縄 → 羽田着

**うずまきパンは
伊良部島の
ご当地パン**

👆おすすめ！
Yuzuru さん／Sirena Irabujima（撮影者）
抜群のロケーションでマーメイドになれる！ ビーチ撮影はもちろん、水中撮影データもプレゼント。一生の思い出になること間違いなし (^^)d

おすすめの季節

5月から10月

5〜10月は海が穏やかで、ダイビングやマリンアクティビティに最適。ただし、7〜10月は台風が来ることもあるので要チェック。年間通して温暖で湿度が高く、特に5〜6月の梅雨のシーズンはかなり蒸し暑い。

旅の予算

約7万円から

伊良部島の宿泊料金は1泊約5000円〜。マーメイドスイム体験の料金は7000円(2人以上参加の場合)〜。

旅のポイント

Sirena Irabujimaのマーメイドスイムコースは3種類、浅瀬でのマーメイドスイム体験(1.5〜2時間)、マーメイドビーチ撮影とシュノーケリング(約3時間)、上級者向けのマーメイドスイムスペシャル(3〜3.5時間)。いずれもシュノーケリングセット、マーメイドスーツ、お茶、保険、撮影と撮影用の小物が料金に含まれる。

+α のお楽しみ MORE FUN!

**伊良部島といえば
カツオの一本釣り**
伊良部島のお土産には、カツオの加工品がおすすめ。なまり節やカツオの塩辛、佃煮などバラエティに富んでいる。

日本最大のサンゴ礁に
現れる幻の島
八重干瀬は、宮古島の北約15kmにある広大なサンゴ礁。ブルーの海の美しさは言葉にできないほど。大潮の干潮時には、さながら島のような姿を海面に現わす。春の大潮のときのみ、上陸が許可されている。

極上の景観が楽しめる
ドライビングルート伊良部大橋
宮古島と伊良部島を結ぶ伊良部大橋は、全長が3540mと沖縄県最長で、日本一長い通行料無料の橋。伊良部島に吸い込まれるように青い海の上に道が続き、日本一美しい景観が見られる橋でもある。

おまけネタ 伊良部島に隣接する下地島の「通り池」は、外海につながっており、人気のダイビングスポット。下地島には、漁師に捕まった人魚が海に向かって助けを求めると、大きな津波が来て村は壊滅、人魚を捕まえた漁師の家に大きな穴が2つ空き、これが通り池となったという人魚伝説が残っている。

絶景 23　千葉県　[ウォーターアクティビティ]

波左間・海底神社の
参拝ダイビング

サカナと一緒にお参りを！
海が平和でありますように

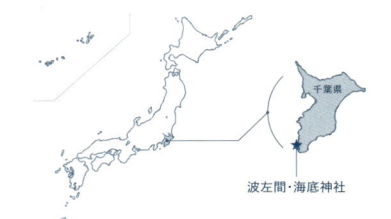

千葉県

波左間・海底神社

**DESTINATIONS 絶景への
ご案内**

東京駅からは高速バスで約2時間発で
館山駅に到着（新宿発着の便もある）。
朝8時50分、館山駅出発の送迎車（要
予約）に乗って波左間海中公園へ。車な
ら館山自動車道富津ICを下り、国道127
号線、128号線、410号線を経由し、県
道257号線を進む。波左間海中公園の
看板が見えたら右折し、波左間漁港内
に入ればすぐ。富津ICから約30分（交
通渋滞がない場合）。

波左間海中公園
千葉県館山市波左間1012
0470-29-1648
http://hsmop.web.fc2.com

透明度が高く、
遠浅の波左間海水浴場は
人気のビーチ

たとえばこんな旅 ▶ 1泊2日

1日目　東京 → 高速バスで館山へ・市内を観光
（館山泊）

2日目　館山 → 送迎車で波左間海中公園へ・海底神社に参拝ダイビング
→ バスで館山へ → 高速バスで帰宅 → 東京着

館山で大人気！
濃厚なピーナッツ
ソフトクリーム

👄おすすめ！
萩原慎司さん（撮影者）
海中という神秘的な世界に
突如現れるその神聖な空間
は、日本唯一の海底神社、
洲崎神社分社。参拝すると
心が落ち着きます。

おすすめの季節

通年

冬は水温が低いが、1年で一番透明度の高
い時期。春も水温は低いもののマンボウ遭
遇確率は高い。夏は水遊びの季節で、海の
中も華やかになる。秋は夏の混雑が過ぎ、
落ち着いて潜れる。

旅の予算

約2.5万円から

東京から館山までの高速バス料金（往復）は
約5000円、波左間から館山までのバス代
（片道）は約700円、館山のホテルの宿泊料
金は1泊約5000円〜、波左間海中公園の
ダイビング料金は8856円〜（タンク、ガイ
ド、乗船、施設使用料を含む）。

旅のポイント

波左間海中公園では、とくに希望がない限
りボートダイビング。9時に集合したら、セッ
ティングを行い、そのまま船に乗ってポイ
ントへ。昼食は自分で持参するか、近く
の飲食店で。初心者はもちろん、体験ダイ
ビングもできる。器材などのレンタルも
OK。ダイビングの予約は、電話かメール
（下記）で受付。
o_hasama@mvc.biglobe.ne.jp

+αのお楽しみ

MORE FUN!

THE HEAVIEST BONY FISH IN THE WORLD

マンボウと
出会えるかも!?
巨体と独特な体形がか
わいいマンボウ。波左
間海中公園では、体長
2〜3mのマンボウと
遭遇することも。

館山湾を見守る「崖観音」
館山市内の大福寺は真言宗智山派の寺院
で、通称「崖観音」。船形山の中腹の祠に
刻まれた十一観世音菩薩は、717年に行
基が地元漁民の海上安全と豊漁を祈願し
て彫刻したものと伝えられる。

絶景も楽しめる！
丘の上の天守閣
館山自動車道富津ICから車で20分ほど
の城山公園は、戦国大名里見氏の居城・
館山城跡につくられた。山頂には三層四
階天守閣形式の館山城（八犬伝博物館）が
再建され、天守からの眺めが楽しめる。

おまけネタ

波左間海中公園から歩いて15分ほどのところにある休暇村館山は、宿泊だけでなく、天体望遠鏡観察会
や貝のクラフト教室など、子どもから大人まで楽しめるプログラムが充実した施設。館山湾が見渡せる
露天風呂があるのもうれしい。www.qkamura.or.jp/tateyama/

絶景 <u>24</u>　　**涸沢カールでキャンプ** ［フィールドアクティビティ］　長野県

涸沢カールは穂高連峰の標高2300m付近にある、氷河によって削り取られた深い谷。上高地から約6時間のトレッキングでたどり着くことができる。多くの高山植物が自生しており、特に秋季の紅葉が有名。紅葉最盛期の約2週間は、テント場に1000幕を超えるテントが張られることも。夜間にカラフルなテント群が光り輝く様子はとても幻想的で、まるで闇夜に浮かぶ宝石箱のようである。

絶景 25　グッビオのクリスマスツリー見学［イベント］　イタリア

グッビオはイタリア中部・ウンブリア州の街で、毎年クリスマスツリーの大規模なイルミネーションが出現する。標高約900mのインジーノ山の山肌に、300色以上、約1000個の電飾を使用して、高さ750m以上、幅450mの巨大なツリーが描かれる。1981年に地元のボランティアグループによって始められ、1991年には世界最大のクリスマスツリーとしてギネスブックに登録された。

絶景 24 長野県 【フィールドアクティビティ】

涸沢カールでキャンプ

闇夜に浮かぶ宝石の正体は
人々が灯す明かりだった

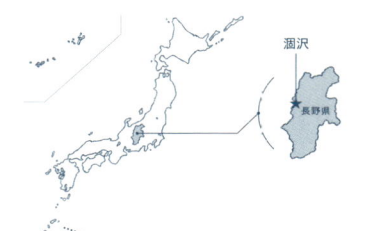

涸沢

長野県

絶景への
ご案内

上高地バスターミナルから涸沢までは約16km、6時間ほどのトレッキングコースとなる。河童橋方面に向かい、梓川に沿って明神、徳沢を経由し横尾へ。横尾までは比較的平たんで整備された山道が続く。横尾大橋を渡り、左手に屏風岩が見えてきたらまもなく本谷橋。ここから涸沢までの道が難関だ。登り切ると標識が現れ、右に進むと涸沢小屋とテント場、左は涸沢ヒュッテへと至る。

涸沢ヒュッテ
長野県松本市安曇4469-1
090-9002-2534（涸沢ヒュッテ）

山道の花にも
注目してみて

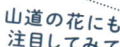

たとえばこんな旅 ▶ 1泊3日

1日目 新宿バスタ → 深夜バスで上高地へ
→（車中泊）

2日目 上高地バスターミナル → 歩いて涸沢へ
→ ひとやすみしてカールを散策
→ テント場で夜の光景を楽しむ（涸沢泊）

3日目 涸沢で日の出を見る → 午前中に涸沢を出発し下山
→ 上高地バスターミナルへ・バスに乗車
→ 新宿バスタ着

絶景を眺めながら
おでんとビールで
乾杯！

📣行きたい！
詩歩

涸沢カールには行ったことがあるのに、山小屋に宿泊してしまった…！ 無念！ テントをレンタルできるのはうれしいですね♪

おすすめの季節

9月から10月
下旬　上旬

山開きは4月下旬からだが、残雪もあり、7月初旬まではスキーが楽しめる。8月に入ると高山植物が開花、紅葉を楽しむなら9月末から10月上旬がよい。見頃は気候によって変動するので、現地情報の確認を。

旅の予算

約2万円から

バス代は往復1万2400〜1万4800円（スタンダードバス）、テント幕営料はひとりにつき1泊1000円。レンタル（常設）テントは4〜5人用7000円（要予約）。詳細は涸沢ヒュッテのサイト参照。
www.karasawa-hyutte.com/

旅のポイント

テント設営の受付はテント場中央にある。幕営料を払ってテント設営許可証をもらう。またレンタルテントのほか、受付時に有料でシュラフや銀マットも借りることができる。涸沢小屋と涸沢ヒュッテでは当日16時までに申し込むと朝食・夕食・弁当の手配をしてくれる。また、両山小屋のテラスでラーメンやカレーなども食べられる。

+αのお楽しみ

MORE FUN!

疲れた体に
甘いものをチャージ

出発して約2時間で到着するのが「徳澤園」。ここの「みちくさ食堂」の名物・ソフトクリームは登山者に大人気。

テント生活を
山小屋がサポート

涸沢には涸沢ヒュッテ（写真）と、涸沢小屋の2軒の山小屋がある。キャンプをする際のトイレや水場は、両山小屋の設備を利用する。またテラスには売店も併設されている。

名作の舞台にもなった
上高地のランドマーク

上高地バスターミナルから歩いて、約10分後には河童橋に到着。ここは梓川の奥にどんと控える、雄大な穂高連峰が美しいビューポイント。また当地は芥川竜之介の小説「河童」の題材にもなった。

おまけネタ　上高地から涸沢までは約6時間の道のりだが、これはあくまでも目安。休息時間なども含め、自分のペースで登山計画を立てよう。また真夏でも朝晩山頂は気温が下がるので、長袖シャツやダウンなどの用意を。帽子、サングラス、グローブ、水筒などの装備や、用途に沿った登山靴選びも重要。

絶景 **25** イタリア 【イベント】

グッビオのクリスマスツリー見学

もはやツリーと言えるのか!?
想像を超える巨大ツリー

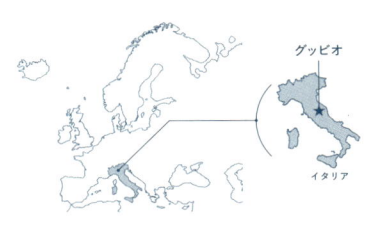

グッビオ

イタリア

DESTINATIONS **絶景への ご案内**

ペルージャ・サンテギディオ空港でレンタカーを借りてSP247に入り、サンテ・ジーディオ方面へ向かう。リダルノで高速道路SS3bisに入り、ボスコでSS3bisを出る。SP246に入り、丘陵地帯を走りながらグッビオを目指す。空港からグッビオまでは約40km、所要時間は1時間ほどだ。ペルージャからウンブリア・モビリタのバス（平日1〜3時間に1本）でも約1時間10分で行ける。クリスマスツリーが描き出されるインジーノ山は、町の北東側にそびえる。

グッビオは中世の面影を 色濃く残す街

たとえばこんな旅 ▶ 3泊6日

1日目	成田 → （機中泊）
2日目	中東・ローマで乗り継ぎ → ペルージャ → グッビオ（グッビオ泊）
3日目	自由行動・旧市街やインジーノ山に建つサントゥバルド聖堂などを見物 → 夜はクリスマスツリー鑑賞（グッビオ泊）
4日目	グッビオ → ペルージャ → 自由行動・ペルージャの街を散策（ペルージャ泊）
5日目	ペルージャ → ローマ・中東で乗り継ぎ → （機中泊）
6日目	成田着

📣行きたい！
詩歩
わざわざイタリアまでクリスマスツリーを見に行くなんて、なんてぜいたく！年に1度の記念日なら行く価値アリです♡

おすすめの季節

12月から1月

クリスマスツリーのイルミネーションが点灯するのは、12月7日から約1か月。点灯時間は基本的に、18〜24時。気候は東京とほとんど変わらない。厚手のコートやマフラー、手袋は忘れずに。

旅の予算

約14万円から

グッビオとペルージャのホテルの宿泊料金は1泊約1万円〜。レンタカー代は2日間で約7000円〜。

旅のポイント

インジーノ山の山肌に現れる巨大なクリスマスツリーなので、なるべく離れたところから見るのがポイント。その意味でも、レンタカーで訪ねるのが便利だ。一番のビューポイントは、グッビオの中心部から南へ5kmほど行ったモンテルイアーノ。街の中心に近いところなら、中心部から500mほど南西の古代ローマ劇場付近がおすすめ。

+αのお楽しみ

MORE FUN!

Go to the Mountaintop

"鳥かご"に乗って インジーノ山を空中散歩♪
街外れにあるロマーナ門の外から鳥かごのようなリフトに乗って、サントゥバルド聖堂へ。急勾配を上る行程はスリル満点。山頂付近からの眺めも素晴らしい。

特産品のトリュフを たっぷり召し上がれ！
グッビオのトリュフは、昔から最高級品として世界中に認められている。地元のトリュフハンターは、今も機械には頼らず、愛犬にトリュフの匂いを覚えさせ、愛犬と一緒にトリュフを探している。

©Fototeca ENIT

州都ペルージャで 中世の歴史や文化に触れる
空港のあるペルージャは、美しい中世の街。大聖堂やプリオリ宮などに囲まれた11月4日広場が街の中心で、ぶらりと歩けば、13〜18世紀の絵画や、教会から運ばれた祭壇画など、貴重な芸術作品と出会うことができる。

おまけネタ

巨大なツリーとともにグッビオのクリスマスシーズンを彩るのが、プレセピオだ。プレセピオとは、キリスト誕生の物語を人形で再現した展示のこと。グッビオでは、教会の中や石畳の路地のあちらこちらに等身大のプレセピオが登場し、観光客の人気を集めている。

絶景 <u>26</u>　　ヨークルサルロンのオーロラ鑑賞 ［自然体験］　アイスランド

ヨークルサルロンはアイスランド南部にある氷河湖。ヨーロッパ最大の氷河・ヴァトナヨークトル氷河から崩れた氷が大量に流れ込んで氷山や流氷となって浮かび、氷河湖を形成している。秋から春にかけて夜間にオーロラが発生すると、湖面や氷に反射して神秘的な光景が広がる。日中は純度の高い氷が太陽光を受けて青白く輝く様子が美しく、氷河湖内を水陸両用のボートで周遊するアクティビティもある。

絶景 **26** アイスランド ［自然体験］

ヨークルサルロンのオーロラ鑑賞

凍える空気の中で揺らめく
天空のカーテン

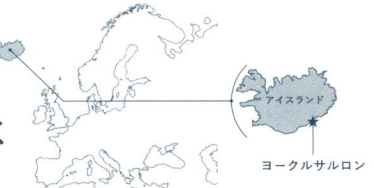

　絶景への
　ご案内

ヨークルサルロン観光の起点となるのは、アイスランドの首都レイキャビク。夏場はここからヨークルサルロンへ行く公共のバスが運行しているが、オーロラが見られる秋から春にかけては公共の乗り物が通っていない。そのため、レイキャビクでレンタカーを借りて、国道1号線をひたすら走り、ヨークルサルロンを目指そう。目的地までは、約370km。約4時間30分くらいで到着する。現地で、ヨークルサルロンでオーロラ観賞ができるツアーを利用するのもひとつの方法だ。

ヨークルサルロンは
アイスランド最大の氷河湖

たとえばこんな旅 ▶ **4**泊**6**日

1日目	成田 → コペンハーゲンで乗り継ぎ → レイキャビク（レイキャビク泊）
2日目	レイキャビク → 車でヨークルサルロン氷河湖へ → 夜はオーロラ・ウォッチング（ハーリー泊）
3日目	ヨークルサルロン氷河湖観光 → 夜はオーロラ・ウォッチング（ハーリー泊）
4日目	ハーリー → 車でセリャラントスフォスへ → レイキャビク（レイキャビク泊）
5日目	レイキャビク → コペンハーゲンで乗り継ぎ → （機中泊）
6日目	成田着

👍おすすめ！
Keyco さん
揺らめくオーロラはもちろん、そのオーロラに照らされた氷河湖は息をのむ美しさ。幻想的で、忘れられない旅行になりました。

おすすめの季節

9月から3月

アイスランドでオーロラが見られるのは、だいたい9〜3月。時間帯は、19時30分くらいから22時30分くらいまでが、見られる確率が高い。

旅の予算

約18万円から

レンタカーの料金（3日間）は約2万3000円〜、レイキャビクのホテルの宿泊料金は1泊約7500円〜、ハーリーのホテルの宿泊料金は1泊約1万5000円〜。

旅のポイント

レイキャビクの一番寒い時期の最低気温は−2度ほどと、それほど寒くない。ただ、アイスランドは風が強く、天気も変わりやすい。雨や風に備えるため、フードがついた登山用のジャケットやスキーウェアなどを用意していこう。耳まで覆う帽子やマフラー、手袋は必携。足下はトレッキングシューズが◎。

MORE FUN!

**ずんぐりした姿が
愛らしい！**
アイスランディック・ホースは10世紀以上も原種を守っている珍しい馬。温厚で力持ちなところも人気。

滝の裏側を歩ける
セリャラントスフォス
アイスランド南部にある落差60mほどの滝。国道1号線からも近く、アクセスしやすいので人気だ。滝の裏側に小道があり、裏側から滝を見ることができる。レインウェアの着用がおすすめ。

レイキャビクのシンボル？！
ハットルグリムス教会
高台に建つハットルグリムス教会は、高い建物があまりないレイキャビクのシンボル的な存在。展望台の窓からは市街が360度見渡せる。教会内にはステンレスの巨大なパイプオルガンがある。

おまけネタ

レイキャビクにあるクリングランは、アイスランド最大規模のショッピングモール。市民御用達のモールなので、観光客向けの土産物屋や伝統料理のレストランなどはないが、アイスランドの人々の暮らしを覗くことができる。スーパーで地元の食品や調味料を探してみるのも楽しい。

ヴァトナヨークトル氷河の
アイスケイブトレッキング（アイスランド）

text：詩歩

この洞窟に入るために、はるばるユーラシア大陸を超えてやってきた……そこまで言えるほどの洞窟が、大注目の国「アイスランド」にありました。

アイスランドは、その名のとおり国土の10％が氷河という、まさに氷に覆われた国。目的の「洞窟」は、なんとその巨大な氷河の「下」にある洞窟。そう、岩でできた洞窟ではなく、氷でできた洞窟なのです！ この氷の洞窟に入るには、ツアーへの参加が必須。わたしはレイキャビク発着の、2泊3日の現地ツアーに参加しました。

初日は、レイキャビクから、ゴールデン・サークル（p78）と呼ばれる名所をめぐりながら、ヴァトナヨークトル氷河を遠くに望むホテルに宿泊。その後、ヨークルサルロン氷河湖（p68）を見た後、ついに氷の洞窟へ！
4WDバギーに乗り換え、雪原を駆け抜けること20分。平原の真ん中に何台かの車が停まっていて、そこで私たちも降ろされました。そして、ヘルメットとヘッドライトを装着し、ガイドさんについていくと、地面に地下に潜る穴が！ 人がやっと通れるくらいのサイズです。どんな光景が待っているのか……。

ドキドキしながら穴をくぐると、そこには、青く輝く氷の壁が、頭上3mくらいまで両側に広がっています。触ってみると、キーンと冷たくて、表面はつるっつる。何百年もの時を経て雪から氷河に変化した壁は、透明すぎて奥まで

見通せてしまうほどでした。10mほど進んだ先から、狭い空間を這いつくばって前進。入口から約30mくらいでしょうか。天井の低い場所を通り抜けると、そこはまた広場のようになり、洞窟は行き止まりになっていました。
洞窟の中は太陽光が届くため、うっすら明るく、青いライトで照らされているみたい。目を閉じて見ても、その輝きが感じられるほどです。そして、耳をすませてみると、あちこちから「プチッ」という音が。これは、氷河から酸素が溶け出している音！ この氷河が形成されたのは、何百年も前のこと。その頃はどんな世界だったのだろうか……。酸素の声を聞くたびに、密かに歴女魂を燃え上がらせていました。

それにしても、氷の中にいるというのに、不思議と寒くありません。洞窟内の空気が、氷河を通って到達した太陽光でほんのり温まっているようです。頑張ってここまで辿り着いたわたしたちを、洞窟の主である氷の神様がもてなしてくれたような気がしました。
30分程度の滞在を終え、同じ道を戻って外界へ。ほのかな青いライトに慣れた目に、真っ白な大地の光は眩しすぎて、思わず目をそらしてしまいました。

この天然の氷でできた洞窟は自然現象によってできるものなので、毎年場所も、状態も変化します。新しく誕生する氷の神様に、また来年も会いに来たいなあ。

氷の洞窟の入口。見逃してしまうほど小さい穴です。

とうとう到着！氷の洞窟の中でパシャリ。

アイスケイブトレッキングの動画はYoutubeをチェック！
https://www.youtube.com/zekkeichannnel

※アクセス方法など、この絶景体験についての詳細はp78を参照。

絶景 27 　エベレストベースキャンプへトレッキング［フィールドアクティビティ］　ネパール

エベレストベースキャンプは、標高5350m付近にある、世界最高峰・エベレストへの登山拠点の一つ。ネパールのカトマンズからベースキャンプまで約2週間で往復するトレッキングツアーが人気。道中ではエベレストはもちろん、壮麗な山々の姿を眺められる。ベースキャンプでは、"タルチョ"という、登山の安全を祈願するカラフルな旗がはためいている。

絶景 <u>28</u>　　ペリト・モレノ氷河見学 ［自然体験］　アルゼンチン

アルゼンチン南部・パタゴニア地域のロス・グラシアレス国立公園にあるペリト・モレノ氷河は、数万年の歴史を持つ巨大な氷河。先端は幅4km、高さ60m（ビル20階分に相当）と言われている。氷の透明度が高く、青い光だけを反射するため、美しい水色の姿を見せる。氷が溶けやすく、中央部の氷河は1日に約2mも移動することから“生きた氷河”と呼ばれる。展望台から見られるほか、トレッキング等もできる。

絶景 27 ネパール 【フィールドアクティビティ】

エベレストベースキャンプへ
トレッキング

世界一の頂に近づける
全クライマー憧れの地

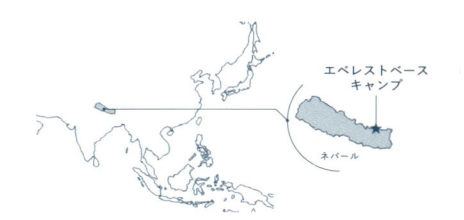

エベレストベース
キャンプ

ネパール

絶景への
ご案内

ネパールの標高2840mにある街、ルクラから、エベレスト街道と呼ばれるルートのトレッキングコースに参加。歩くのは1日5〜7時間程度。高度に順応するために休息日を入れながら体を徐々に慣らし、ベースキャンプを目指す。標高5000mを越すので、ある程度登山経験がある人向けのコースだ。途中のカラパタールは美しい景観で人気のスポット。エベレストベースキャンプは1953年、エベレスト登頂を初制覇したニュージーランドの登山家エドモンド・ヒラリーとシェルパ（ガイド）のテンジン・ノルゲイが設置したことで知られる。

たとえばこんな旅 ▶ 13泊15日

1日目	成田 → 仁川で乗り換え → カトマンズへ（カトマンズ泊）
2日目	カトマンズ → 国内線でルクラへ → 以降12日目までトレッキングで移動。パクディンへ（ロッジ泊）
3〜4日目	→ ナムチェバザールまで行き、1日滞在（ロッジ泊）
5日目	→ タンボチェへ（ロッジ泊）
6〜7日目	→ ディンボチェまで行き、1日滞在（ロッジ泊）
8日目	→ ロブチェへ（ロッジ泊）
9日目	→ ゴラクシェプ → エベレストベースキャンプ → ゴラクシェプへ（ロッジ泊）
10日目	→ カラパタール → ペリチェへ（ロッジ泊）
11日目	→ ナムチェバザールへ（ロッジ泊）
12日目	→ ルクラへ（ロッジ泊）
13日目	ルクラ → 国内線でカトマンズへ（カトマンズ泊）
14日目	旧王宮などカトマンズ観光 → 空港へ → （機中泊）
15日目	仁川で乗り換え → 成田着

📣 おすすめ！
Tさん
ナムチェが高度順応のポイント。ここで慣らさないと先がきつくなる。各ロッジでの食事もおいしく、自然の食材が体にやさしく感じる。

おすすめの季節

10月から11月

トレッキングは雨季を避けた9月後半から5月前半がシーズン。中でも10〜11月は天候が安定している。

旅の予算

約26万円から

現地発トレッキングツアーの料金は約15万円〜。カトマンズの旅行会社には、日本語のウェブサイトを持つ会社もあるので、日本語での予約もできる。カトマンズのホテルの宿泊料金は1泊約3000円〜。

旅のポイント

服装は速乾性、保湿性があり、動きやすい登山用のものを揃えよう。トレッキング中に怖いのは高山病。体に異変が起こったら迷わず下山する勇気を。高山では脱水症状になりやすいので水分の摂取が大切。スポーツ飲料の粉末を持っていくと便利だ。整腸剤など普段飲み慣れている薬も持参していこう。

MORE FUN!

用意し忘れたものは
カトマンズで補充を

カトマンズの中心、タメル地区にはトレッキング用品店が多く、ウェアやトレッキング用品などたいていのものが入手でき、しかも安い。日焼け止めやリップクリームなども手に入る。

エベレストの通信事情

エベレストでも携帯電話やインターネット環境が整いつつあり、ベースキャンプでも条件がよければ3G程度の携帯の利用が可能。

ナムチェで
シェルパ文化に出会う

登山ガイドのシェルパはネパールの少数民族。エベレスト街道にあるナムチェバザールはシェルパ族の街だ。古いシェルパ族の家がシェルパ文化博物館として保存され、彼らの生活が垣間見られる。

大半のトレッキングツアーの代金には、空港〜ホテル間の送迎、ルクラまでの往復航空券、トレッキング中の食事、宿泊費、ガイド・ポーター代、入山に関わるすべての許可証代、トレッキングマップ代などが含まれる。ツアー申し込み時に、何が含まれるか、また高度順応に配慮した日程かを確認しよう。

ペリト・モレノ氷河見学

地響きとともに崩れ落ちる
今なお生き続ける氷河

アルゼンチン

ペリト・モレノ氷河

絶景への
ご案内

氷河の絶景に
乾杯！

ブエノスアイレス・エセイサ国際空港に到着後、ホルヘ・ニューベリー空港に移動し国内線に乗り換える。3時間15分ほどでエル・カラファテ国際空港へ。空港から市街地までは約10km。タクシーまたは各ホテルを回るバスに乗車して向かう。エル・カラファテは森と湖に囲まれた小さな街で、氷河観光への拠点となる。エル・カラファテからペリト・モレノ氷河までは約80km。展望台見学だけなら、街のバスターミナルから出ている往復ツアーバスを利用してもよい。バスを降りたら、整備された遊歩道を歩いて展望台に向かおう。

たとえばこんな旅 ▶ 2泊7日

1日目	成田 →（機中泊）
2日目	ドバイで乗り換え → ブエノスアイレス・エセイサ国際空港 → タクシーまたはバスでホルヘ・ニューベリー空港へ移動（空港泊）
3日目	ホルヘ・ニューベリー空港 → エル・カラファテへ。ニメス湖や街の周辺の散策を楽しむ（エル・カラファテ泊）
4日目	エル・カラファテ → バスまたはツアーでペリト・モレノ氷河へ。展望台からの眺めを満喫（エル・カラファテ泊）
5日目	エル・カラファテ → ホルヘ・ニューベリー空港 → タクシーまたはバスでブエノスアイレス・エセイサ国際空港 →（機中泊）
6日目	ドバイ →（機中泊）
7日目	成田着

👍おすすめ！
池谷光代さん
アンデス山脈から約30kmにわたって、湖へと流れているこの氷の河の神秘は、目の前にした人だけが感じられるぜいたくです。

おすすめの季節

12月から3月

氷河観光は気温が高くなる夏場がおすすめ。氷河が大きな音を轟かせながら崩落する、壮大なシーンを見ることができる。夏場の気温は最高19℃、最低は -1.8℃程度と、日中の寒暖差が激しいので注意を。

旅の予算

約21万円から

エル・カラファテのホテルの宿泊料金は1泊約7000円〜。国立公園の入園料は約2000円、ペリト・モレノツアー往復バス代は約3500円〜。各種ツアーはHielo&Aventura社（下記サイト参照・英文）ほか、エル・カラファテの旅行会社から申し込める。
www.hieloyaventura.com/

旅のポイント

ペリト・モレノ氷河への公共交通機関はないので、タクシーまたはツアーに参加して訪れる。エル・カラファテから多数ツアーが出ているので利用するとよい。防寒対策もだが、季節によっては晴れると暑いので、着脱できる服装で。サングラスも必需品。なお、現在アルゼンチンでは、危険情報がでているので安全には注意を。

+αのお楽しみ
MORE FUN!

CHILEAN FLAMINGO

**水鳥たちの楽園
ニメス湖を散策**
エル・カラファテの街の北に位置するニメス湖は水鳥の餌場。夏場にはチリフラミンゴの優雅な姿も。

**パタゴニアならではの
グルメに挑戦！**
この地方の名物は柔らかいラム肉のアサド（炭焼き）。また街と同じ名前のカラファテの実は、ジャムやリキュールで楽しめる。この実を食べるとまたその土地に戻って来られるという伝説があるそう。

**氷河トレッキングや
クルーズツアーも楽しめる**
展望台から観賞するだけでなく、実際に氷河を歩くトレッキングツアーも楽しめる。ツアーの締めは氷河の氷で作ったオン・ザ・ロックで。また氷河を間近で見られるクルーズツアーもある。

おまけネタ

ロス・グラシアレス国立公園は総面積約1万4000㎢。南極、グリーンランドに次ぐ世界第3位の広さを誇る氷河地帯。ペリト・モレノ氷河が人気だが、公園内最大級のウプサラ氷河や、高さが100m以上もあるスペガッツィーニ氷河など見どころは多い。いずれの氷河もツアーを利用して行くことができる。

絶景 <u>29</u>　　**ヴァトナヨークトル氷河のアイスケイブトレッキング** ［フィールドアクティビティ］　アイスランド

ヴァトナヨークトル氷河は、アイスランド南部のスカフタフェットル国立公園内にある巨大な氷河。総面積は8100km²で、国土の8%を占める。冬になると氷河の中に現れる「氷の洞窟」は、積もった雪が押し固まってできたため純度が高く、太陽光の青い光だけを反射し、ブルーに輝く。その洞窟内を歩くことができるアイスケイブトレッキングツアーが人気。氷が溶ける温かい時期は危険なため、冬季のみ実施される。

© 連江縣政府提供／游奕坤撮影

絶景 30　馬祖の藍眠涙（青の涙）鑑賞 ［自然体験］　台湾

馬祖は台湾の西北の沖合、中国大陸近くにある列島。夏季の夜間に海岸沿いの波打ち際で、海洋生物が波の衝撃を受け、青白く輝く様子が見られる。その冷たい光は儚く、現地では「藍眼涙（青の涙）」と呼ばれている。馬祖最大の島・南竿の海岸沿いの岩壁を掘ってつくられた「北海坑道」では、小型ボートに乗りながら藍眼涙を鑑賞するツアーが催行され、近年人気を博している。

絶景 29 アイスランド 【フィールドアクティビティ】

ヴァトナヨークトル氷河の
アイスケイブトレッキング

まるでサファイアの洞窟！
宝石の中を歩く夢の体験

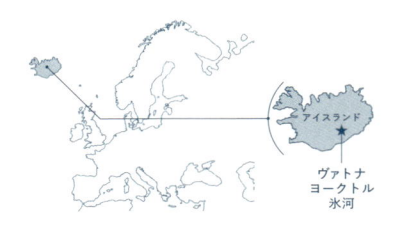

アイスランド

ヴァトナ
ヨークトル
氷河

絶景への
ご案内

ヴァトナヨークトル氷河観光の起点となるのは、アイスランドの首都レイキャビク。冬場はここからヴァトナヨークトル氷河のあるスカフタフェットル国立公園までは、公共の乗り物が通っていない。レンタカーでヴァトナヨークトル氷河まで行く方法もあるが、5時間近くかかるうえ、観光客が氷の洞窟を探し出して中に入るのは難しいので、レイキャビクから、ヴァトナヨークトル氷河のアイスケイブトレッキングを含むツアー（下記サイト参照）に参加しよう。
http://www.iceland-travel.info/interests/vatnajokull/

スノーモービルやスーパージープで
氷河の上を走るツアーなどもあります！

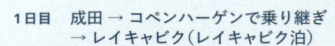

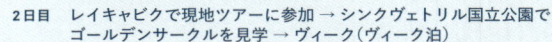

たとえばこんな旅 ▸ 4泊6日

1日目	成田 → コペンハーゲンで乗り継ぎ → レイキャビク（レイキャビク泊）
2日目	レイキャビクで現地ツアーに参加 → シンクヴェトリル国立公園で ゴールデンサークルを見学 → ヴィーク（ヴィーク泊）
3日目	ヴィーク → ヴァトナヨークトル氷河でアイスケイブトレッキング → ハーリー（ハーリー泊）
4日目	ハーリー → スカフタフェットルでハイキング → レイキャビク（レイキャビク泊）
5日目	レイキャビク → コペンハーゲンで乗り継ぎ →（機中泊）
6日目	成田着

🗨 おすすめ！
生野 夢子さん
青く透き通り光輝く氷河の洞窟はなんとも神秘的！このまま溶け込んでしまいたい気分になりました。

おすすめの季節

11月から3月

アイスケイブトレッキングができるのは、冬季のこの期間のみ。アイスランドを囲むように暖流が流れているため、冬でも平均気温は0℃前後だが、風が強いので防水・防風の上着を用意しよう。

旅の予算

約20万円から

レイキャビクからヴァトナヨークトル氷河までのツアー（2泊3日）の料金は約8万円〜（ヘルメットなどギアのレンタル料、宿泊費込み）、レイキャビクのホテルの宿泊料金は1泊約7500円〜。

旅のポイント

アイスケイブトレッキングに参加するためには、トレッキングシューズ、防水加工のパーカー、防寒用の帽子、手袋、ウールやフリースのセーターは必須。ジーンズやトレーナーはNGだ。なお、氷の洞窟の形成は自然現象なので、洞窟内の状態や気候によっては中止になることもある。

MORE FUN!

KWEH!

愛嬌たっぷり
国鳥的存在♡
アイスランドはツノメドリ（パフィン）の最大の繁殖地。愛らしい容姿が大人気で、ぬいぐるみなどのグッズも売っている。

アイスランド観光の定番！
ゴールデンサークル
レイキャビクの北東約50kmにあるシンクヴェトリル国立公園は世界遺産で、地球の割れ目「ギャウ」を見ることができる。間欠泉の「ゲイシール」、豪快な滝の「グトルフォス」とともにゴールデンサークルと呼ばれている。

アイスランド版露天風呂!?
白い泥は美肌効果も
ケプラヴィーク国際空港から車で20分ほどの「ブルーラグーン」は、世界最大の屋外温泉施設。ミネラル豊富な泥は、皮膚疾患によいとか。混雑するので公式サイト（英文）で事前予約がおすすめ。
http://www.bluelagcon.com/

おまけネタ

アイスランドでオーロラが見られるのは、9〜3月ごろ。アイスランド南部のオーロラ・スポットは、ヨークルサルロン（p68）、レイクホルト、ブルーラグーン、クヴェラゲルジ、ネーシャヴェトリル、フーサフェットルなど。冬季はレイキャビク発のオーロラウォッチングツアーも催行される。

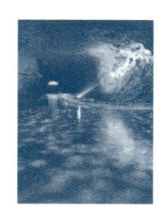

絶景 30 台湾 ［自然体験］

馬祖の藍眼涙（青の涙）鑑賞

その「涙」の美しさに
きっとあなたも涙する

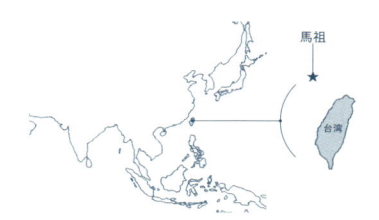

馬祖

絶景への ご案内

台北松山空港から台湾の国内線で、馬祖の南竿空港へ。飛行機は1日7〜8便ほど（季節により異なる）運行しており、約50分のフライト時間となる。空港は南竿の東に位置する。南竿はタクシーで回れるくらいの大きさの島。空港から藍眼涙が鑑賞できる北海坑道までは、タクシーで約10分。藍眼涙の夜間観賞プログラム会期中は、夕暮れ時の18時になるとツアーのボートが出航、しばらく進むと幻想的な風景が目の前に広がる。

馬祖酒廠は有名な
高粱酒の酒造場

たとえばこんな旅 ▶ 3泊4日

1日目　成田 → 台北着 → ホテル周辺の散策後、MRTで士林夜市へ（台北泊）

2日目　台北 → 南竿島へ → 自由行動・馬祖天后宮、馬祖酒廠などを見学後、夕方から北海坑道で藍眼涙を鑑賞（南竿泊）

3日目　南竿島 → 台北へ → 自由行動・市内観光＆台北101の展望台見学（台北泊）

4日目　台北 → 成田着

台北101から
台北市内を一望

📢行きたい！
詩歩
お隣の国・台湾にこんな神秘的な絶景があったなんて！　週末旅行で行けちゃいますね。

おすすめの季節

4月から10月

藍眼涙が見られるのは主に春から夏。4〜10月には北海坑道での鑑賞ツアーが開催される。馬祖の3〜5月は霧が出やすく、飛行機が欠航することもあるので要確認。夏は日焼けに注意するとともに、屋内は冷房が強いので羽織るものも持参して。

旅の予算

約6万円から

南竿のホテルの宿泊料金は1泊約5000円〜、台北のホテルの宿泊料金は1泊約7000円〜。台北―南竿の往復航空券代は約1万4000円〜。藍眼涙鑑賞ツアーの料金は約1000円、完全予約制。予約はメールで鐵仁休閒育樂有限公司（下記・北京語）まで。Tieren22177@outlook.com

旅のポイント

藍眼涙の鑑賞は日が暮れる18時以降がおすすめ。北海坑道では小型ボートで藍眼涙を鑑賞するツアーを実施している。2016年の予定は4〜10月の18〜20時30分まで、毎日6回運行され、所要時間は約30分。また、空港からタクシーで15分ほどの鐵堡などの海岸沿いでも見られることがあるが、夜間なので安全面に注意を。馬祖の観光情報は台湾の交通部観光局のサイト（下記・日本語表示あり）も参照。
http://www.matsu-nsa.gov.tw/

＋αのお楽しみ
MORE FUN!

TAIWAN'S TRADITIONAL BURGER

馬祖で食べたい ご当地バーガー

継光餅は、明朝時代の兵士の携帯食がルーツの、ベーグルに似た形のパン。現在は豚肉や卵を挟んで食べる。

馬祖の地中海と呼ばれる 石造りの住宅群

南竿から船で約20分の島、北竿にある芹壁村。盛んだったエビ漁が衰退するとともに村人が去り、家屋は廃墟となっていた。その後石造りの住宅群は修復され、民宿やギャラリーとなっている。

© 台湾観光局

© 台湾観光局

媽祖信仰の始まりの地、馬祖天后宮

南竿には、海で遭難した父親を救いに行った媽祖が、遺体となって入り江に流れついたという伝説がある。その媽祖を祀った廟が天后宮。現在では中国本土や台湾本島からも参拝者が訪れる。

おまけネタ

南竿など馬祖の島々は中国本土に近いことから、かつては重要な軍事基地としての役割を果たしてきた。後に軍事管制が解除され、1994年からは観光客も訪問できるようになった。藍眼涙が鑑賞できる北海坑道も以前の軍事施設のひとつ。なお、高登島と亮島には現在も軍が駐留しており、一般人は入れない。

あたらしい風景を探して

— Fuji —
Glamping and Sightseeing

詩歩の絶景TRIP
グランピング編 in 河口湖

大自然の中でゆったり乗馬。ここは富士山が見えるベストスポット！

桜の季節に友人の窪咲子ちゃんと、星のや富士でグランピング体験をしてきました！
グランピング＝「glamorous」＋「camping」で、直訳は「ぜいたくなキャンプ」。
でも、ただぜいたくなだけではない、特別な体験がここにはありました。

レセプションの
壁には宿泊客に
貸し出されるリ
ュックがずらり。

中身は双眼鏡やボトル、
ヘッドランプなどのグ
ランピングアイテム。

木立のテラスでひと休み。森の空気が気持ちいい！

to stone oven...

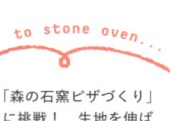

石窯で焼いたピザは
香ばしさ抜群！

「森の石窯ピザづくり」
に挑戦！ 生地を伸ば
したら好きなソースと
具材を選びます。私は
ふきのとうをチョイス。

Daytime

お気に入りの「焚き火ラウンジ」。マシュマロを焼くのが楽しい！

ビスケットでサンドすると最高♡

「山麓乗馬」を体験。馬の背に乗って富士の森をお散歩してきました。

Night

夜のテラスには素敵なバーが出現。

「ダッチオーブンディナー」ではシェフと一緒に料理をつくる場面も。

翌朝は、「湖上の早朝カヌー」体験へ。朝一番の静かな時間を満喫。

客室の窓からはこの景色！ こんな絶景を独占できるなんて…。

チェックアウト後は忍野八海へ。透明度の高いお釜池は神秘的な美しさ。

部屋のテラスでごちそうが詰まったモーニングBOXをいただきます！

おいしかった巨峰ジャムは、お土産に

Next Day

新倉富士浅間神社で富士と桜、五重塔を一望。おめでたい風景。

地元でも人気の「ほうとう不動」で野菜たっぷりのほうとうを堪能。

山中湖畔の「Paper Moon」で絶品アップルパイを。りんごがぎっしり！

河口湖周辺で富士山型スイーツを購入♡

FUJIYAMA COOKIE のチョコがけタイプのクッキー。

金多留満の「富士の錦」は1本の羊羹の中に4種類がin！

河口湖周辺MAP

星のや富士
河口湖
河口湖駅 新富士
富士急行線
Tsuru-shi
C
E
B★ F★
★A
Oshino-mura
Kawaguchiko
Saiko
西湖
Fujikawaguchiko-cho
Narusawa-mura
Fujiyoshida-shi
Yamanakako
山中湖
★D
0 2 4 6(km)

星のや富士のスポット

星のや富士　レセプション

宿泊客は、まずレセプションでチェックインを。ここで星のや専用車に乗って、山の中にある宿泊施設へと移動する。
山梨県南都留郡富士河口湖町大石1408
TEL.0570-073-066（星のや総合予約）
http://hoshinoya.com/

キャビン（客室）

森に溶けこむように建てられたキャビン。大きな窓からは河口湖の景色が一望。テラスリビングでは森の空気を感じながらくつろぐことができる。
1泊1室5万1000円〜（税・サービス料10%込み）

木漏れ日デッキ（クラウドテラス）

敷地内には、森の斜面に沿ってつくられたテラスがあちこちに。木漏れ日デッキは陽なたぼっこに最高の場所。朝にはストレッチの講習も受けられる。他にもテラスでは燻製づくりや薪割りなどさまざまな体験ができる。

クラウドキッチン

石窯ピザづくりや、ダッチオーブンディナーを体験できる屋外のキッチン＆ダイニング。大自然の中でシェフとつくったごちそうを食べる体験は格別。こことは別に室内で景色を眺めながら食事ができるメインダイニングもある。

テントリビング

森の中を散歩しているとひょっこり現れるのが、とんがり屋根のテント。中はかわいいラグが敷かれ、居心地のよいリビングに。他にも木陰にハンモックが用意されていたりと、敷地内にはアウトドアを満喫できる仕掛けが随所にある。

焚き火ラウンジとライブラリーカフェ

ちょっと冷え込む時に暖を取ったり、マシュマロを焼いたり…1日中楽しめる空間が、焚き火ラウンジ。左のライブラリーカフェは本やフリードリンクなどが設置されたスペースで、夜は演奏会も開かれる。

星のや富士で「グランピング」体験！

text：詩歩

最近、よく耳にする「グランピング」。私も何度か体験して、グランピングのよさは、キャンプの「マイナスの要素」が取り除かれていることなのだと思っていました。宿泊場所は用意されているし、夜はシャワーも浴びられる。料理の道具も材料も揃っているし、大変な片付けもやってもらえる。でも、「日本初のグランピングリゾート」を謳う星のや富士で体験したのは、マイナスがゼロになった"普通のグランピング"とは違う、マイナスが一気にプラスになるグランピングだったのです。

まず違うと感じたのは、空間。客室は窓が大きく光が射し込んできて、屋内にいるはずなのに、まるで外にいるような気分に。朝、ベランダから見る満開の桜や河口

湖、そして富士山は目が覚めてしまうほど美しくて、ここはホテルのスイートルームか！と思ってしまうほどでした。そして次に違うと感じたのが、人。スタッフの方全員が"グランピングマスター"を名乗り、薪割りや野鳥の見つけ方など、アウトドアの楽しみ方を教えてくれるので、私も童心に返って自然を遊び尽くしてしまいました。これが"星のやのグランピング"なんだ！そう思う１泊２日の体験でした。

グランピングは周囲の自然によってまったく違う体験に変化するそう。今回は満開の桜だったけど、秋の紅葉や雪景色もまた素晴らしいんだろうなぁ！　まだまだわたしのグランピングの旅は、続きます。

河口湖周辺のスポット

Ⓐ 忍野八海

富士山の伏流水が水源の湧水池で、天然記念物。水の透明度が高く、光が差し込むとコバルトブルーに輝く。世界遺産富士山の構成資産の一部。
山梨県南都留郡忍野村忍草
TEL.0555-84-4221（忍野村観光案内所）

Ⓑ ほうとう不動 東恋路店

ほうとうは、野菜の入った味噌仕立ての汁で太めの麺を煮込んだ、人気の郷土料理。富士山にかかる雲をかたどった店の建物も一見の価値あり！
山梨県南都留郡富士河口湖町船津東恋路2458　TEL.0555-72-8511

Ⓒ 新倉富士浅間神社

創建は705年と古く、武田信玄の父、信虎が戦勝を祈願したことでも知られる。境内の階段を登ったところにある忠霊塔からの富士の眺望が名高い。
山梨県富士吉田市新倉3353
TEL.0555-23-2001

Ⓓ Paper Moon

山中湖畔の森に佇む、カフェ＆雑貨店。手作りのケーキやパイが楽しめるほか、自家栽培の花でつくったドライフラワーや素敵な雑貨も販売している。
山梨県南都留郡山中湖村平野481-1
TEL.0555-62-2041　＊10歳以下は入店不可

Ⓔ FUJIYAMA COOKIE

河口湖畔にあるクッキー店。国産小麦粉や富士山のはちみつなど特選素材を使って焼いたクッキーはさくさくの口当たり。お土産にぴったり。
山梨県南都留郡富士河口湖町浅川1165-1
TEL.0555-72-2220

Ⓕ 金多留満 本店

明治44年創業の老舗和菓子店。四季の富士をイメージした4色の富士山が楽しめる羊羹「富士の錦」は、毎月22日（富士の日）より223本を限定販売。
山梨県南都留郡富士河口湖町船津7407
TEL.0555-72-2567

絶景 <u>31</u> ワイトモ洞窟の土ボタル鑑賞［自然体験］ ニュージーランド

ニュージーランド北島の北西部にあるワイトモ洞窟は、約3000万年前の地震で形成された洞窟で、いたるところに鍾乳石や石筍が見られる。内部には土ボタルが生息し、青白く儚い光が天井一面に広がる様子は、世界7不思議に次ぐ「8番目の不思議」と呼ばれている。その光景をボートツアーで鑑賞できるほか、ラフティングしながらの鑑賞や鍾乳洞の探検などもできる。土ボタル保護のため洞窟内での撮影は禁止。

絶景 <u>32</u>　　**テカポの星空鑑賞** ［自然体験］　ニュージーランド

テカポはニュージーランド南島中央部・クライストチャーチ郊外にある街。空気が澄んでいて晴天率が高く、光害が少ないことから、夜は満天の星空を楽しむことができる。この星空を保護するため、住民は世界初の「星空の世界遺産登録」を目指しており、街灯の設計を工夫したり、家の明かりが外に漏れないようにする等の努力がなされている。4〜9月の冬季には、星空とともにオーロラを観測できることも。

絶景 31 ニュージーランド ［自然体験］

ワイトモ洞窟の土ボタル鑑賞

土ボタルが創り出す "生きるプラネタリウム"

絶景への ご案内

オークランド国際空港を出発して、ステートハイウェイ1号を南下し、39号に乗り換える。ワイトモ・バレーロードを右折し、車を走らせ37号を右折する。道中ではニュージーランドらしい、牧歌的な風景を十分に堪能できる。とくに渋滞などがなかったら、約2時間半のドライブで、ワイトモ洞窟のビジターズセンターに到着する。幻想的でミステリアスなアドベンチャーの始まりだ。

> 📢おすすめ！
> いあん（trippiece）さん
> ラフティングやジップライン等で遊べて楽しい。真骨頂は暗闇に青白く光る土ボタル。星空が舞い降りたような絶景でした。

たとえばこんな旅 ▶ 2泊4日

1日目	成田 → （機中泊）
2日目	オークランド → 車でロトルアへ・マオリ文化やポリネシアン・スパなどを楽しむ（ロトルア泊）
3日目	ロトルア → 車でワイトモへ・ワイトモ洞窟を見学 → オークランド（オークランド泊）
4日目	オークランド → 成田着

準備はOK
アドベンチャー
に行ってきま〜す

©Adam Bryce

悠久の時を経て作り出された、壮大な鍾乳洞が見事。

©Tourism Holdings

おすすめの季節

12月から2月

南半球にあるニュージーランドは、日本とは季節が逆転しており、6〜8月が真冬となる。観光シーズンは12〜2月の夏場だが、日本と同様に四季があるため、どのシーズンに訪れても楽しめる。

旅の予算

約16万円から

ロトルアのホテルの宿泊料金は1泊約9000円〜、オークランドのホテルの宿泊料金は1泊約1万円〜。レンタカー代は約1万3000円（3日間）〜。ワイトモ洞窟ツアー代は約3700円〜。洞窟ツアーの予約は下記サイト（英文）より可能。
www.waitomo.com/

旅のポイント

ワイトモ洞窟の見学はツアーのみ可能。所要時間45分のボートに乗って、洞窟内をめぐるコースが人気。時間がある人は、タイヤのチューブを浮輪にしたラフティングや、洞窟内の絶壁を、ザイルを使って降下するアクティビティもおすすめ。またオークランドから日帰りのワイトモ＆ロトルア観光ツアーも出ている。

+αのお楽しみ MORE FUN!

©Tourism Holdings

ブラック・ウォーターラフティングに挑戦！

ウェットスーツを着用し、タイヤチューブに乗って洞窟内の川を進んだり、途中にある滝つぼに飛び込んだりと、スリルが味わえるラフティング。洞窟ツアーと同じサイトから予約可能。

MANUKA HONEY

おみやげにぴったり♡マヌカハニー

マヌカはニュージーランド固有種の植物。この花から取れるはちみつは、抗菌力が高いと人気。

©Adam Bryce

先住民マオリの村を訪ねてみよう

ロトルアは先住民マオリ族の文化が残る地域。村では伝統工芸や食材を蒸し焼きにした伝統食の「ハンギ」が楽しめる。マオリ語で「こんにちは」は「キアオラ」、正式な挨拶は鼻をこすり合わせる。

おまけネタ

ワイトモ洞窟の土ボタルは、オーストラリア東海岸とニュージーランドに生息している。ホタルと名前がついているが、実はハエ目の昆虫で英語名はグローワーム。美しい光に誘われ集まった虫を、20〜40cmほど垂らした粘液で捕食している。もちろん日本で呼ぶ土ボタルとは別物。

絶景 32 ニュージーランド ［自然体験］

テカポの星空鑑賞

降るような星空に 一生分の願いを込めて

ニュージーランド
テカポ

 絶景への ご案内

クライストチャーチ国際空港からテカポまで、レンタカーで順調に走行すれば約3時間。1号線を南下し、79号（ジェラルデン・フェアリー・ハイウェイ）に乗り換え約50km進む。8号が出てきたら右折して、まっすぐ進むとレイク・テカポの中心地が見えてくる。クライストチャーチからテカポまでは、牧羊地が道の両脇に広がる、のどかな風景が続く。ニュージーランドならではの、多数の羊が群れる様子が見られる。

レイクテカポと
天文台

©Maki Yanagimachi / Earth&Sky Ltd

たとえばこんな旅・3泊5日

1日目	成田 → （機中泊）
2日目	オークランドで乗り換え → クライストチャーチ → 車でテカポへ。レイク・テカポを散策 → 夜はホテル周辺から星空を楽しむ（テカポ泊）
3日目	自由行動・ホーストレッキングなどに挑戦 → 夜はマウント・ジョン天文台星空ツアーに参加（テカポ泊）
4日目	自由行動・エア・サファリで遊覧飛行を楽しむ → クライストチャーチ（クライストチャーチ泊）
5日目	クライストチャーチ → オークランドで乗り換え → 成田着

おすすめ！
小澤ひでさん
ここでは南十字星が一年中見られます。また、夏に逆立ちした南十字星が見られるのも、緯度の高いニュージーランドならでは。

おすすめの季節

6月から8月

テカポは年間の晴天率が高く、星空の観察に適している地域。四季ごとに異なる星座が見られ、年間を通じて楽しめるが、おすすめは空気が澄む冬場の6～8月。運がよければオーロラが見られることも。

旅の予算

約19万円から

レイク・テカポ、クライストチャーチのホテルの宿泊料金は1泊約8000円～。レンタカー代は約1万7000円～（4日間）。エア・サファリ遊覧ツアーは約2万7000円～。マウント・ジョン天文台星空ツアーは約1万1000円で、日本語での予約も可能。
http://www.earthandskynz.com/

旅のポイント

2012年にはレイク・テカポ、アオラキ・マウントクック国立公園、マッケンジー盆地が星空保護区に指定された。晴天が多く、光り輝く星を見られるチャンスは多いが、さらに美しい星を見たかったら、新月の日がおすすめ。また、ツアーに参加して、マウント・ジョン天文台に行く場合は、夏場でも防寒の準備は必須。

+α のお楽しみ
MORE FUN!

©Maki Yanagimachi / Earth&Sky Ltd
マウント・ジョン 山頂の天文台
マウント・ジョンからみる星空はピカイチ。ツアーに参加すれば、星の説明が受けられ、大型望遠鏡で天体観測もできる。

レイクビューを360度堪能！ アストロカフェ
マウント・ジョンの山頂にある眺望抜群のアストロカフェ。テカポ・ビレッジセンターから車で約15分。夏は9～18時、冬は10～17時までオープンする。絶景を見ながら飲むコーヒーは格別。

©Maki Yanagimachi / Earth&Sky Ltd

ZOOM....

広大な大自然を上空から♪ エア・サファリツアー
レイク・テカポを出発して、有数の山岳地帯の上空を200km以上飛行。12の氷河やトルコ石のような美しい色の氷河湖など壮大な自然を満喫できる。
http://japanese.airsafaris.co.nz/

 おまけネタ
テカポの星空を保護する目的で作られた、スターライト・コミッティのメンバーとして活躍しているのが、マウント・ジョン天文台星空ツアーを主催する小澤英之さん。開発により美しい星空が失われてしまうことを危惧した小澤さんは、仲間とともに世界初の星空世界遺産への登録を目指して活動している。

絶景 <u>33</u> 　ブルーホールでダイビング ［ウォーターアクティビティ］ 　アメリカ(グアム)

ブルーホールは、グアム島西海岸オロテ半島の外洋側にあるダイビングスポット。透き通った海を潜り、水深約18m地点にある洞窟の穴をくぐり抜け空を見上げると、穴の形がかわいらしいハート型に見える。なお、ブルーホールは深い地点にあるため、潜るにはライセンスの取得が必要。近くのアプラ港には、巨大な魚と触れ合えるスポットや、海底に廃船が沈んでいるスポットなどもあり、見どころ満載。

絶景 34　**ビミニ諸島のドルフィンスイム** ［ウォーターアクティビティ］　バハマ

ビミニ諸島はバハマの西端、マイアミ沖約80kmに位置する島々。周辺に生息する"世界一フレンドリー"と言われるマダライルカと一緒に泳ぐ、ドルフィンスイムが人気。また、アトランティス大陸の遺構という説のある海底石畳や巨大なサンゴ礁群など、ダイビングスポットも多数ある。文豪ヘミングウェイは頻繁にこの地を訪れて釣りを楽しみ、その体験に着想を得て『老人と海』を執筆したと言われている。

絶景 33　アメリカ（グアム）［ウォーターアクティビティ］

ブルーホールでダイビング

この穴をくぐり抜けたら
どんな恋も叶っちゃいそう！

ブルーホール
グアム

**絶景への
ご案内**

グアム国際空港から主要ホテルが集まるタモン、タムニングへはタクシーで約15〜20分。宿泊するホテルから送迎バスが出ているなら利用したい。ダイビングショップが主催するツアーに申し込めば、ホテルからブルーホールへのボートが発着する、ピティの港まで送迎してもらえる。ボートに乗り、港を出て海の色が美しいブルーに変わる様子を眺めながら、約30分でダイビングポイントに。ブリーフィングを聞いたのち、透明度抜群の海へエントリーだ。

📣 **おすすめ！
三木 公平さん**
ライセンス取得後に出会ったこの自然のアート。光が降り注ぐ縦穴で見上げるその景色は、誰しも目がハートになること間違いなし！

たとえばこんな旅 ▶ 3泊4日

1日目	成田 → グアム（グアム泊）
2日目	自由行動・バナナボートなどビーチ・アクティビティを楽しむ（グアム泊）
3日目	自由行動・ブルーホールでダイビング（グアム泊）
4日目	グアム → 成田着

JUMP HIGHER!

グアムのイルカはジャンプが得意。別名スピナードルフィン

おすすめの季節

11月から5月

グアムは11〜5月の乾季が、過ごしやすい。6〜10月は雨季に入るが、この期間は1日に2〜3回のスコールがある程度。見ると幸せになるというダブルレインボーも登場。台風の時には多少湿度が高くなる。

旅の予算

約9万円から

グアムのホテルの宿泊料金は1泊約8000円〜。ブルーホールのダイビング料金は約1万2000円〜（機材レンタル代別）、バナナボート料金は約5000円〜。グアムは格安パッケージツアーも豊富なので、それを利用すれば予算はさらに下がる。

旅のポイント

ブルーホールは中級者以上のダイビングスポットで、ダイビング指導団体などが発行した認定証Cカード（Certification card）が必要。ブルーホールへのツアーは、グアムの各ダイビングショップが主催している。申し込み時には費用に機材レンタル代が含まれるか別か、必ず確認を。またランチの有無、潜る本数などでも価格が異なる。

**+αのお楽しみ
MORE FUN!**

朝市でB級グルメを楽しみながらお土産探し
タモンから北へ車で10分ほどのデデド村の、1号線（マリンコアドライブ）沿いの広場にて、土・日曜日の早朝から9時ごろまで朝市が開かれる。タモンの主要ホテルを経由する朝市シャトルも運行。

島内の移動に便利な赤いシャトルバス
真っ赤な車体が目を引くシャトルバスは、観光に使い勝手抜群。タモン、タムニングなどの主要ホテルや、ショッピングモールを網羅して走る。朝市や人気スポットの恋人岬行きも運行している。

**幻の鳥
ココバード**
グアムの南方に浮かぶ、熱帯植物など自然が残るココス島では、絶滅危惧種の飛べない鳥ココバードに出会える。

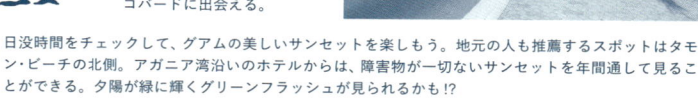

おまけネタ　日没時間をチェックして、グアムの美しいサンセットを楽しもう。地元の人も推薦するスポットはタモン・ビーチの北側。アガニア湾沿いのホテルからは、障害物が一切ないサンセットを年間通して見ることができる。夕陽が緑に輝くグリーンフラッシュが見られるかも!?

絶景 34 バハマ ［ウォーターアクティビティ］

ビミニ諸島のドルフィンスイム

わざわざ会いに行きたい♡
世界一フレンドリーなイルカ

ビミニ諸島

バハマ諸島

絶景への
ご案内

フロリダのフォート・ローダー・デール・ハリウッド国際空港から、サウス・ビミニ空港までは約40分のフライト。ビミニ諸島は主として南ビミニ島と北ビミニ島、西ビミニ島で構成される。サウス・ビミニ空港は南ビミニ島にあり、ナッソーやグランドバハマ、フロリダからの便の発着が行われる。ビミニの中心地アリスタウンや、ホテルが集まる北ビミニには水上タクシーかフェリーで渡る。ドルフィンスイムツアーは、基本的に北ビミニの港からボートで出航し、イルカが遊泳するポイントまで行く。さあ、憧れのドルフィンスイムを！

バハマをめぐる
クルーズツアーも人気

たとえばこんな旅 ▶ 4泊7日

1日目	成田 → ダラスで乗り換え → フォート・ローダー・デールへ（フォート・ローダー・デール泊）
2日目	フォート・ローダー・デール → ビミニへ → 自由行動・シュノーケリングを楽しむ（ビミニ泊）
3日目	自由行動・ドルフィンスイムを楽しむ（ビミニ泊）
4日目	自由行動・街を散策したり、アリスタウンのビーチでまったり（ビミニ泊）
5日目	ビミニ → フォート・ローダー・デール → ダラスで乗り換え → （空港泊）
6日目	ダラス → （機中泊）
7日目	成田着

📣 行きたい！
詩歩

イルカと遊ぶには、自力で深く潜れることが重要。私はまだ水面より深くは潜れないので、特訓してから行かなくっちゃ！

おすすめの季節

5月から9月

ドルフィンスイムのベストシーズンは5〜9月の夏場。ただし、5〜11月中旬は雨季で、特に6〜11月はハリケーンのシーズンなので、旅行前に天候のチェックを。

旅の予算

約20万円から

ビミニ島のホテルの宿泊料金は1泊約1万3000円〜、フォート・ローダー・デールのホテルの宿泊料金は1泊約7000円〜。フォート・ローダー・デールとビミニ島の往復航空券代は約3万円〜。ドルフィンスイムツアーの料金は約1万5000円〜。

旅のポイント

ドルフィンスイムツアーは、アリスタウンにあるダイビングショップで申し込みができる。イルカが遊泳する地点までは1時間ほどの船旅。乗り物に弱い人は酔い止めを忘れずに。また、海が荒れると中止になるので日程は余裕を持って。乾季に参加する場合は、日によって気温が下がるので、ボートで移動する間に羽織るものを準備するとよい。

MORE FUN!

バハマで外せない
コンク貝の料理

バハマでは新鮮な魚介類を使ったシーフードが楽しめる。中でもトライしてほしいのがコンク貝。フリッターにしてソースを付けて食べたり、チャウダーやサラダにして食べたりする。

YUMMY CONCH FRITTERS

色合いがかわいい！
白とピンクの総督官邸

バハマ諸島の首都はニュー・プロビデンス島のナッソーで、ビミニからは飛行機でアクセスできる。元首・英国女王エリザベスⅡ世の代理人として総督がおり、1803年に建てられたコロニアル風の総督官邸は、観光名所となっている。

ボーンフィッシュ釣りに
チャレンジ！

ビミニ島はフライフィッシング愛好家の憧れ、ボーンフィッシュ（ソトイワシ）釣りが楽しめる。記録的な大物が釣れたことも。

おまけネタ

ビミニには、マイアミやフォート・ローダー・デールから、通常の飛行機ではなく、ケープエアーの水上飛行機を利用して行くこともできる。海の中に機体を進め、水上を猛スピードで滑走しながら飛び立つさまは圧巻。めったにできないフライト体験ができる。

絶景 35 　イビサ島のボートクルージング ［ウォーターアクティビティ］ スペイン

イビサ島はスペインの東部沖に浮かぶ島。豊かな自然や多様な民族の文化遺跡が残っていることから世界遺産の複合遺産に登録されている。イビサの周辺にのみ生息する「ポシドニア」という海草が海を浄化しているため、海水の透明度が高く、海上の船が宙に浮いているように見えるほど。この美しい海をめぐるボートツアーが人気を集めている。パーティーアイランドとしても有名で、夏には世界中から若者が集まる。

絶景 36　　ハロン湾のサンセットクルージング［ウォーターアクティビティ］　ベトナム

ハロン湾はベトナム北部、ハノイ郊外にある世界遺産。氷河期に沈降した石灰岩の大地が、海水や風雨に浸食されて大小約2000の奇岩となり、まるで山水画のような世界が広がる。奇岩の間をめぐるクルーズツアーが催行されており、時間の経過や天気によって様々に表情を変える光景を楽しむことができる。特に日没時は、夕陽に照らされて茜色の空に奇岩のシルエットが浮かびあがる様子が美しい。

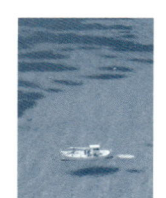

絶景 35 スペイン ［ウォーターアクティビティ］

イビサ島のボートクルージング

話題の "空飛ぶ船" が イビサでも見られる！

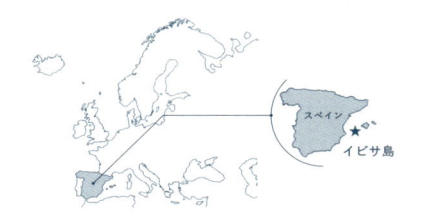

 絶景への ご案内

バルセロナ＝エル・プラット空港からイビサ島までは飛行機で約1時間。ヨーロッパの主要都市からもイビサ島行きの飛行機が出ている。イビサ空港から島の中心、イビサタウンまでは、バス（15〜30分おきに運行）で20〜30分。クルーズボートは、イビサタウンをはじめ、島のさまざまなところからチャーターできる。透明度の高い海で、まるで宙に浮いているようなクルーズを体験しよう。

ヒッピーたちが愛した "最後の楽園"

たとえばこんな旅 ▶ 4泊6日

1日目	成田 → ドーハで乗り継ぎ → バルセロナ（バルセロナ泊）
2日目	バルセロナ → イビサ島へ・島内を観光する（イビサ島泊）
3日目	自由行動・チャーターしたボートで島めぐりやシュノーケリングを満喫する（イビサ島泊）
4日目	イビサ島 → バルセロナへ・建築めぐりなど街歩きを楽しむ（バルセロナ泊）
5日目	バルセロナ → ドーハで乗り継ぎ → （空港泊）
6日目	成田着

🚩行きたい！
詩歩
ヨーロッパ各地からLCCが就航し、アクセスがしやすいイビサ島。欧州旅行のついでに立ち寄ってみようかな。

おすすめの季節

6月中旬から9月中旬

7月から8月にかけては世界中から人が集まり、クラブでは毎日のようにパーティが開かれる。気温は1年を通して温暖。いちばん寒い1、2月でも最低気温は9℃ほどだ。夏は最低気温でも20℃を超える。

+αのお楽しみ MORE FUN!

フラメンコは必見！
スペインに来たら、「タブラオ」と呼ばれるショークラブやレストランで、フラメンコを楽しみたい。

旅の予算

約14万円から

ボートのチャーター料金は1日（8時間、5人まで）で約12万6000円〜（5人でチャーターした場合1人当たり約2万5200円・飲み物代、シュノーケリング機材のレンタル代込み）、バルセロナのホテルの宿泊料金は1泊約6500円〜、イビサ島のホテルの宿泊料金は1泊約5000円〜。

ヒッピーマーケットや透明なビーチを散歩♪
島内バス（下記サイト参照・英文）を駆使して夕陽が美しいカラ・コンテ、若者に人気のプラヤ・デン・ボッサなどのビーチをめぐるのも楽しい。4〜10月の毎週水曜にエス・カナールで開かれるヒッピーマーケットはイビサ島最大規模。
http://ibizabus.com/

旅のポイント

ボートに乗るなら、イビサ島の南に位置するフォルメンテーラ島へ。ターコイズブルーの海でシュノーケリングをはじめさまざまなアクティビティを楽しむことができる。5〜9月にはイビサでは連日ボートパーティが開催される。チケット代は約5500円〜。スケジュールの確認や予約は下記サイト（英文）を参照。
www.essentialibiza.com/ibiza-boat-party-calendar/

バルセロナ観光はやっぱり外せない！
カテドラルを中心にしたゴシック地区、市民の台所、サン・ジョセップ市場、ガウディが遺したサグラダ・ファミリア聖堂（写真）やグエル公園、世界遺産のカタルーニャ音楽堂など見どころ満載。

 おまけネタ

イビサ島の夏の恒例、DJパーティの中でも有名なのが、アムネシアというクラブで日曜の明け方5時半くらいから始まるフィエスタ・デ・エスプーマ（泡パーティ）だ。泡まみれの大騒ぎ！ スケジュールとチケット購入は右のサイト（英文）から。www.amnesia.es/party/7/en/fiesta-de-la-espuma.html

ハロン湾の
サンセットクルージング

夕陽に照らされ橙に染まる
奇岩の間を優雅に進む

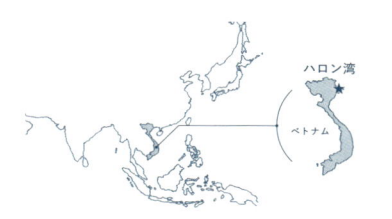

ハロン湾

ベトナム

DESTINATIONS

**絶景への
ご案内**

ノイバイ国際空港からタクシーでハノイ市内までは約40分。ハノイ市内からは、ザーラム・バスターミナルやルオンイエン・バスターミナルから、バイチャイ行きのバスに乗って終点まで。さらにタクシー乗り換え、目的地のハロン湾に向かう。所要時間は約4時間。ただ、ハロン湾をクルーズするなら、ハノイ出発のツアーに参加するのが一般的。ハノイにはいくつかの日系の旅行会社のデスクもあり、ハロン湾クルーズをいくつも企画している。こちらを利用するのがおすすめだ。

おすすめ！　まさよさん
ダイナミックな岩が2000個以上も点在して、とても幻想的な感じです〜。鍾乳洞も階段を上り下りし、汗だくになりました。

たとえばこんな旅 ▶ 3泊4日

1日目	羽田 → ハノイ・市内観光（ハノイ泊）
2日目	ハノイ → 現地ツアーに参加してハロン湾へ・ハロン湾クルーズを楽しむ（船中泊）
3日目	ハロン湾クルーズを楽しむ → ハノイ（ハノイ泊）
4日目	ハノイ → 羽田着

停泊していると
フルーツを
売る小舟などが
やってきます！

シーカヤックは、ハロン湾クルーズで人気のアクティビティ

おすすめの季節
6月から8月
11月から12月
ハロン湾で水遊びがしたいという人なら、夏が狙い目。天気のよい季節にクルーズを楽しみたいという人は、乾期の11月から12月がおすすめだが、気温も低くなるので防寒対策はしっかりしていこう。

旅の予算
約10万円から
ハロン湾クルーズ（1泊2日）の料金は約3万6000円〜。ハノイのホテルの宿泊料金は1泊約5000円〜。

旅のポイント
日帰りツアーだと15時くらいに港に戻ってきてしまうので、サンセットは見られない。夕景を見たいなら、1泊2日以上のツアーを選ぼう。安いツアーもあるが、内容は値段相応。安心して楽しむためには、ある程度の料金のツアーに申し込むこと。奇岩の向こうに太陽が沈む光景が見られるツアーかどうか、申し込み時に確認を。

+αのお楽しみ
MORE FUN!

1000年の歴史を持つ
水上人形劇
農民が、収穫祭りのときなどに池や湖で上演していたものがルーツ。水上で繰り広げられる人形たちのパフォーマンスは、ユーモラスでダイナミック。ハッピーな気持ちになれる。ホアンキエム湖近くのタンロン水上人形劇場等で見られる。

ハノイで"フランス"と出会う
大教会、オペラハウス、国立歴史博物館……。ハノイの街を歩けば、フランス植民地時代に建てられた優美な建築物と出会うことができる。

©klublu

旧市街の屋台で
ベトナム名物に舌鼓
ドンスアン市場近くには、庶民が集まる美食街がある。シーフードから気軽に食べられる麺類、チェーなどのおやつまで、いろいろと揃っているので行ってみよう。外国人観光客の姿もよく見かける。

おまけネタ

通りごとに異なる業種の店が集まるハノイの旧市街。衣料品が並ぶハンダオ通り、手芸用品が何でも揃うハンボー通り、漢方薬の店が多いランオン通り、ブリキ製品が揃うハンティエック通り、お菓子の店が並ぶハンドゥオン通り……。お土産によさそうなものも見つかるかも。お宝探しに出かけよう。

絶景 37 　イーペン・サンサーイ ［イベント］ タイ

タイ北部の都市チェンマイで、毎年10〜11月頃開催される仏教のお祭り。「イーペン」とは旧暦2月の満月を意味しており、満月の夜に実施されている。メインイベントとして、ブッダへの敬意を込めて、コムローイと呼ばれる熱気球に火を灯し、一斉に空に放つ。無数のコムローイが夜空に放たれる幻想的な光景は、ディズニー映画『塔の上のラプンツェル』のワンシーンを思わせ、人気を集めている。

イーペン・サンサーイ

気分はまるでラプンツェル
夜空を舞う無数のランタン

チェンマイ

絶景への
ご案内

チェンマイ国際空港から市内へは、エアポートタクシーを利用して約15分。チェンマイはバンコクに次ぐ第2の都市。歴史は古く、1296年にランナー王朝初代メンラーイ王により首都としてつくられた。また、山岳民族との交流もあり、ランナー文化という地域独特の文化を形成した。イーペン・サンサーイ(イーペン・ランナー・インターナショナル)が開催される、メージョー大学はチェンマイから車で30〜40分ほど。タイ舞踊などの催し物や、仏教の儀式が執り行われ、いよいよ幻想的なコムローイを空に上げる瞬間となる。

3人の王の像が
お出迎え

たとえばこんな旅 ▶ 3泊5日

1日目	成田 → アジアで乗り継ぎ → チェンマイ → ナイト・バザールで食事とショッピングを楽しむ(チェンマイ泊)
2日目	自由行動・チェンマイ旧市街を散策 → 夕方から車でイーペン・サンサーイ(イーペン・ランナー・インターナショナル)会場へ(チェンマイ泊)
3日目	自由行動・ワット・プラタート・ドイ・ステープなど名所めぐり(チェンマイ泊)
4日目	古い街並みのチャルンラート通りを散策 → チェンマイ → アジアで乗り継ぎ → (機中泊)
5日目	成田着

👍いいね!　平原千波さん

願いごとを念じながら一斉に打ち上げるコムローイ。オレンジ色の光を放ちながらゆらゆらと漆黒の夜空へと舞い上がっていく様子は、まるで天の川のよう。一生忘れられない幻想的な光景が胸を打ちます。

おすすめの季節

11月中旬

イーペン・サンサーイは、毎年陰暦12月の満月の夜(10月下旬〜11月中旬頃)に開催。11月中旬は、乾季で平均気温も約25℃と過ごしやすい。ただし寒暖の差が激しいので、夜の外出には、上着があるとよい。

旅の予算

約9万円から

チェンマイのホテルの宿泊料金は1泊約6000円〜。イーペン・サンサーイ(イーペン・ランナー・インターナショナル)ツアーの料金は約1万5000円〜。現地、または日本の旅行代理店で予約可能。

旅のポイント

「イーペン・サンサーイ」は現地の人も観光客も楽しめる伝統のお祭りで、「イーペン・ランナー・インターナショナル」は外国人向けのイベント。イーペン・ランナーのチケットの入手は、個人では難しいので、送迎が付いたツアーに早めに申し込むほうが賢明。また開催の有無、日程などは直前に決まるので、タイ国政府観光庁のサイト(下記)をチェックして。
http://www.thailandtravel.or.jp/

のお楽しみ
MORE FUN!

民芸品や雑貨が
ずらりと並ぶ

ナイト・バザールはさまざまな品物を売る露店が軒並り。お店の人との値段交渉も買い物の楽しみのうち。

金色に輝く寺院は、
チェンマイで一番の名所

チェンマイ市内から車で約40分。ステープ山頂にあるワット・プラタート・ドイ・ステープは、1383年にクーナ王により建立された、黄金色の寺院。テラスから見える、チェンマイの街の眺望も必見。

LISU　AKHA　KAREN

美しい色使いにうっとり
山岳民族の衣装や工芸品

タイ北方に暮らす山岳民族は独自の文化、言語、宗教を持つ。鮮やかで繊細な細工の施された民族衣装は素晴らしい、の一言。山岳民族の村を訪問する現地ツアーもあるので、ぜひ工芸品をおみやげに。

おまけネタ　イーペン・ランナー・インターナショナルとイーペン・サンサーイのセレモニーは同じ内容で行われる。チケット1枚に付き、コムローイ(ランタン)1つが付いており、空へ飛ばすことができる。開催は夜なので虫よけスプレーを持っていくとよい。火をつけるライターなどもあると便利。

御蔵島のイルカとスイミング（東京都）

text：詩歩

東京で野生のイルカと泳げるってご存知ですか？　その場所とは、東京とはいっても本州から南へ約200km。伊豆諸島に位置する御蔵島です。
友人からその島の存在を聞いたものの、本当にイルカと泳げるのか、疑いを抱いたまま、ついにその地へと向かうことになりました。

御蔵島へは、大型フェリーが1日1便運航。東京の竹芝桟橋を夜出発し、翌朝6時頃に島に到着します。船内には寝床はもちろん、食堂やシャワー室まで完備。さらに乗船した日が、22年ぶりの新フェリーのデビュー日！　キャッキャしながら、フェリーを散策して回りました。
翌朝、ついに御蔵島に到着。東京から離れ、一気に島独特のゆったりとした空気に。心がほっこりしてきます。
午後のドルフィンスイムに備え、早速午前中に、足のつかない海でシュノーケリングの練習をしました。初めてのウェットスーツはちょっと窮屈。最初は潜るのに勇気がいりましたが、1度潜ってしまえば平気！　むしろ深く潜りたくても潜れず、本当にこれでイルカと泳げるのだろうか……と逆の不安が出てきました。
そして午後。太陽も出てきて、ドルフィンスイム日和に！　小型ボートに乗って、いざ外洋へ出発します。

御蔵島には、ミナミハンドウイルカという種類を中心に100頭以上が生息しているそう。しかし、野生の動物だけに、いつ、どこに現れるかわかりません。気を抜いて風景を楽しんでいると、急にガイドさんの「GO！」のサインが！　急いで真っ暗な海へ潜ります。すると、うっすらと見える海底付近で、10頭ほどのイルカの群れがゆっくり泳いでいるではありませんか！　水中で声が出せないのも忘れて、思わずひとりで「いた〜〜〜！」と叫んでしまいました。しかし、ゆっくり泳いでいるのは「休息」のサイン。ランチ後でイルカも休んでいるのでしょう。遠くからの観察で終わりました。

船に戻り、2度目の「GO！」。ぷくぷくと水中に潜ると、今度の群れは海中を元気に泳いでいる！　頑張っても水深2mくらいまでしか潜水できませんでしたが、野生のイルカを至近距離で見ることができました。泳ぐのが早いイルカを必死に追いかけていると、前方にいるガイドさんがわたしの後方を指差しています。なんだろう？　と振り向くと、後ろからさらにイルカの群れが!!!　海中に漂っているわたしに見向きもせず、上下左右を何頭ものイルカが通り抜けて行きました。必死に彼らについていこうとしたけれど、もちろん追いつけず。でも、一瞬だけでも、イルカと同じ海流に乗って一緒に泳げた!!!　自分も野生に戻ったような気分になって、その後もシュノーケリングを繰り返しました。

島に戻っても、夢か現実か、まだぷかぷかと海の上にいるかのような気分。今度はもっと上手に泳げるようになって、また会い来るね、と誓ったのでした。

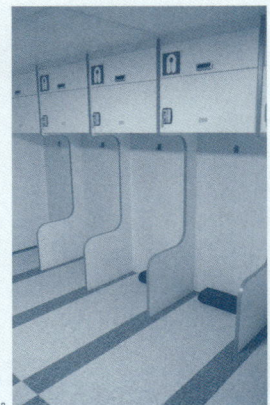
フェリーの船室。揺れが少なく、ぐっすり眠れました。

※いくつか御蔵島のドルフィンスイムツアーを催行している旅行会社がありますが、私がお世話になったのはこちらです。
【DATA】
Dive Kids
090-2153-3798
http://www.mikurajima.net

イルカと一緒にスイミング！（Dive Kidsさん撮影）。

絶景 <u>38</u>　　星のや京都の紅葉渡し船 ［自然体験］　京都府

「星のや京都」は京都府嵐山にある、星野リゾートが運営する宿泊施設。渡月橋が架かる大堰川の渓流沿いに
建っており、秋は紅葉の中、星のや京都専用船に乗って宿へと向かう。紅葉の季節には「朝のもみじ舟」も運
行され、人気の少ない静かな早朝に、紅葉狩りができる。景観保護指定区にあるため、古くからの景色が残さ
れており、赤や黄色に染まる渓谷は、平安貴族が眺めたものと同じかもしれない。

絶景 <u>39</u>　　プレトリアのジャカランダ鑑賞［自然体験］　南アフリカ共和国

プレトリアはヨハネスブルグ郊外にある、南アフリカの行政の首都。毎年10月中旬頃になると、街路樹とし
て植えられたジャカランダの花が一斉に開花し、街全体を紫色に染める。もとは1888年にブラジルから輸
入されたのがきっかけで現在は約7万本まで増加。その淡い色合いは「南アフリカの桜」とも称され、多く
の日本人も花見に訪れる。その光景から、プレトリアは"ジャカランダ・シティ"の別名を持つ。　　　101

絶景 38　京都府　[自然体験]

星のや京都の紅葉渡し船

真っ赤な紅葉を独り占め！
宿泊者だけのぜいたく体験

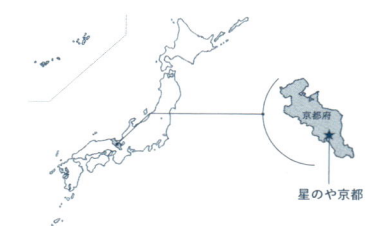

星のや京都

絶景への
ご案内

電車なら、新幹線京都駅からJR嵯峨野線に乗り換えて嵯峨嵐山駅へ。3分ほど歩いて京福電気鉄道嵐山本線の嵐電嵯峨駅へ行き、嵐山駅へ向かう（京都駅から約30分）。ここから渡月小橋のたもとにある、星のや京都上り桟橋までは、歩いて10分ほど。車なら、名神高速道路京都南ICから府道123号線、132号線を経由し、星のや京都上り桟橋へ（京都南ICから約30分）。星のや専用の駐車場はないので、嵐山エリアや市内の駐車場を利用する。

星のや京都
京都府京都市西京区嵐山元録山町11-2
0570-073-066(星のや総合予約／9〜20時)
http://hoshinoya.com

たとえばこんな旅 ▶ 1泊 2日

1日目　東京 → 新幹線で京都へ
→ 電車で嵐山へ → 星のや京都専用船で宿に到着
→「紅葉お茶会」に参加（嵐山泊）

2日目　「朝のもみじ舟」で紅葉クルーズを楽しむ → 嵐山観光
→ 電車で京都へ → 新幹線で帰宅 → 東京着

宿の枯山水庭園で
紅葉を愛でながら
お茶会を

朝のもみじ舟で
川からしか見えない
紅葉を堪能！

👍行きたい！
詩歩
学生時代毎年通った秋の京都。当時は船からの紅葉狩りなんて夢のまた夢だったけれど、今ならそんな楽しみ方もしてみたいな。

おすすめの季節

11月 から 12月
中旬　上旬

嵐山近辺の紅葉の見頃は、例年だいたいこの時期。嵐山は京都の紅葉の名所の中でも人気No.1を誇るエリア。宿はもちろん、交通機関なども早めに予約を取るようにしよう。

旅の予算

約13万円から

星のや京都の宿泊料金は、1泊8万4000円〜。朝のもみじ舟の料金は6000円（税・サービス料10％別途）。

旅のポイント

京都市内を流れる桂川だが、嵐山渡月橋の上流一帯は古くから大堰川と呼ばれ、平安時代にはすでに貴族がここで船遊びをしていたと言われる。船に乗って、平安貴族も愛でた風景を堪能したい。また、星のや京都では、全客室からその大堰川を望むことができ、室内に居ながらにして美しい紅葉を楽しむことができる。

＋αのお楽しみ
MORE FUN!

レンタサイクルで
京の名所めぐり
レンタサイクルを借りれば、行動範囲がグンと広がる（1日約1000円）。桂川沿いには、自転車専用コースも。

トロッコ列車に揺られて
紅葉を楽しむ
紅葉に染まる山々の間を縫って走る嵯峨野観光鉄道のトロッコ列車からの眺めは、また別だ。前売乗車券は乗車日の1か月前より、旅行会社やJR西日本の電話予約サービスで購入できる。当日乗車券は先着順。

紅葉に彩られた
名刹や草庵を訪ねて
古来、紅葉の名所として名高い常寂光寺（写真）、俳人向井去来の草庵だった落柿舎、池泉回遊式庭園が美しい天龍寺、茅葺きの庵を紅葉が包む祇王寺……。この時期だからこそその景色を堪能しよう。

　**おまけネタ**　高台から紅葉を楽しむなら、京福電鉄・阪急電鉄の嵐山駅を降りて10分ほど歩いたところにある亀山公園がおすすめ。保津川下りの着船場の前に入口があり、階段を上ると広い公園に出る。展望台からの眺めは、まさに絶景。タイミングが合えば、保津川下りの船やトロッコ列車も見られる。

絶景 39 南アフリカ共和国 [自然体験]

プレトリアの
ジャカランダ鑑賞

赤道を超えても通じ合える
満開の花を愛でる心

プレトリア

南アフリカ共和国

絶景への
ご案内

ヨハネスブルグから、50kmほど北に位置するプレトリアへは、ヨハネスブルグ・オリバータンボ国際空港から、高架鉄道「ハウトレイン」を利用すると便利。オリバータンボ駅からサントン行きに乗り、マルボロ駅で下車しプレトリア・ハットフィールド方面行きに乗り換える。オリバータンボからプレトリアまでは45分ほど。シーズン中は一歩プレトリアの街に出れば、街路樹の美しいジャカランダをいたるところで見ることができる。

たとえばこんな旅 ▶ 2泊5日

1日目	成田 → 香港で乗り継ぎ → (機中泊)
2日目	ヨハネスブルグ → ハウトレインでプレトリアへ移動(プレトリア泊)
3日目	自由行動・街中に咲くジャカランダの花を堪能(プレトリア泊)
4日目	プレトリア → ヨハネスブルグ → (機中泊)
5日目	香港で乗り換え → 成田着

安全で便利な
ハウトレイン

おすすめの季節

10月中旬

ジャカランダの見頃は10月中旬あたり。この時期、現地は初夏で、雨季に入る頃でもある。短時間に雷を伴った激しい雨が降ることがあるので、雨具の用意も忘れずに。

旅の予算

約15万円から

プレトリアのホテルの宿泊料金は1泊約8000円〜。ヨハネスブルグからプレトリアまでハウトレインで約2400円(往復)。

旅のポイント

プレトリアの街中や住宅地、いたるところでジャカランダの花は鑑賞できる。おすすめのビューポイントは、市街地の北東の小高い丘にあるユニオン・ビルディングス周辺。紫の花に包まれる市内が一望できる。なお、街歩き時は安全に注意し、危険エリアには昼間でも近づかないように。

+αのお楽しみ
MORE FUN!

見どころが多い
チャーチスクエア周辺

観光案内所もあるチャーチスクエア周辺は、歴史的な建造物が多くヨーロッパの街角のような雰囲気。東側はショッピングモールやレストランも点在するエリア。

©南アフリカ観光局

ネルソン・マンデラ氏
大統領就任式の地

ユニオン・ビルディングスは、南アフリカ初の黒人の大統領となった、マンデラ氏が大統領就任演説を行った場所。建物には入れないが、美しい庭園と巨大なマンデラ像を見ることができる。

お土産は
南アフリカワイン

コスパが高いといわれる、南アフリカのワインは日本でも注目されている。お気に入りのワインをお土産に。

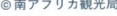

©南アフリカ観光局

南アフリカには3つの首都がある。司法府は内陸部にあるブルームフォンテーン、立法府はケープタウン、ジャカランダシティのプレトリアは行政府で政治の中心地である。プレトリアは2005年に周辺の自治体の再編により、ツワネ市都市圏に含まれることになった。

絶景 40　アルベロベッロ散策［街歩き］　イタリア

イタリア東部にあるアルベロベッロは、白壁に円錐形の屋根を載せた"トゥルッリ"と呼ばれる建物が密集する街。17世紀頃、住民税を免れようとした市民が、すぐに解体できる石積みのトゥルッリを積極的に建てたことから、この住居群が生まれたと言われている。現在も1500軒を超えるトゥルッリがあり、かわいらしい街並みを散策するツアーが人気。1996年には世界遺産に登録された。

絶景 41　タクツァン僧院へのトレッキング［フィールドアクティビティ］　ブータン

タクツァン僧院は西ブータンにある、1692年に建立されたチベット仏教寺院。標高約3000mの山の絶壁に
へばりつくように建っており、訪れるには片道2時間以上のトレッキングが必要。その昔、チベット仏教の
伝来者が虎に乗って飛来し、3か月瞑想したという伝説が残る洞窟の近くに建っていることから、「虎の巣」と
も呼ばれる。トレッキングコースの途中には展望台があり、僧院の全貌を眺めることもできる。

絶景 40 イタリア ［街歩き］

アルベロベッロ散策

小さいころお絵描きしてた
トンガリ屋根の白いおうち

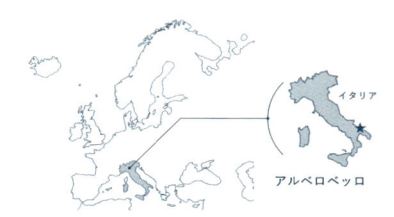

 絶景への
ご案内

バーリ国際空港から私鉄Ferrotramviaria線でバーリ中央駅までは、約15分。ここから私鉄Sud-Est線に乗り換え、マルティナ・フランカ駅またはターラント駅行きに乗れば、約1時間30分でアルベロベッロ駅に到着する。トゥルッリが並ぶモンティ地区へは、駅前の道をマルテッロッタ広場に向かって歩こう。そこから緩やかな坂道のモンテ・サボティーノ通りかモンテ・サン・ミケーレ通りを上って行けば、両側にトゥルッリが軒を連ねる光景が広がる。

たとえばこんな旅 ▶ 3 泊 5 日

1日目	成田 → ローマで乗り継ぎ → バーリ（バーリ泊）
2日目	バーリ → アルベロベッロへ・市街散策＆サンタントニオ教会見学（アルベロベッロ泊）
3日目	アルベロベッロ → バーリ（バーリ泊）
4日目	バーリ → ローマで乗り継ぎ →（機中泊）
5日目	成田着

📢 おすすめ！
Asami Sawa さん
偶然年に一度のお祭り「cosma e damiano」の日に訪れたのですが、街中がイルミネーションで輝く美しい光景は、今も目に焼き付いています。

サンタントニオ教会も
“トゥルッリ構造”！

おすすめの季節

通年

1年を通して過ごしやすいが、夏は晴れが多く日差しが強い。街歩きが観光のメインなら、5〜7月、9〜10月がおすすめだ。日焼け止めとサングラスは必携。朝晩は冷えるので、カーディガンなどを持っていこう。

旅の予算

約13万円から

バーリとアルベロベッロのホテルの宿泊料金は1泊約6000円〜。

旅のポイント

モンティ地区をそぞろ歩き、土産物店やレストランなどとして営業しているトゥルッリをのぞくのも楽しいが、高台のビューポイントから眺めるのもおすすめ。マルテッロッタ広場の近くにあるジャンジローラモ広場や、ポポロ広場の南にあるジャルディーノ・ベルベデーレは、とくに眺めがよく、街を一望できる。

MORE FUN!

地元の人々が暮らす
アイア・ピッコラ地区

観光地のモンティ地区と異なり、アイア・ピッコラ地区は、トゥルッリで暮らす人々の日常が垣間見える静かなエリア。ただし、人々の生活を邪魔しないように、静かに見学しよう。

YOU CAN SEE TRULLI THROUGH TRAIN

車窓から見る
トゥルッリも素敵

バーリとアルベロベッロ間を走る電車の車窓から見るトゥルッリは、畑のなかにポツンとあって、素朴でかわいい。

とろーりクリーミーな味わい！
ご当地チーズのブッラータ

アルベロベッロがあるプーリア州の特産品のブッラータは、巾着袋のようなユニークな形をしたフレッシュチーズ。生クリームとモッツァレラの生地を細かくしたものが“袋”の中に入っている。

FRESH BURRATA IS CREAMY, MILD, AND RICH!

おまけネタ　地元の人々が日常の買い物などで訪れる新市街には、ローカル御用達のショップやレストランがいっぱい。また、アルベロベッロでも珍しい2階建てのトゥルッリ「トゥルッロソヴラーノ」なども新市街にあるので、ぜひ立ち寄ってみよう。

絶景 <u>41</u> ブータン 【フィールドアクティビティ】

タクツァン僧院へのトレッキング

登った人しか出会えない！
見る人を選ぶ絶景

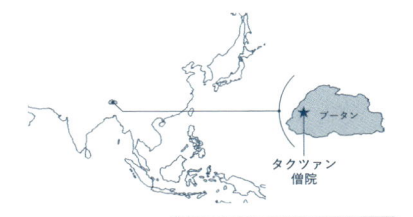

ブータン

タクツァン
僧院

DESTINATIONS 絶景への
ご案内

ブータンへの旅行は、基本的に旅行会社を通さなければいけないので、日本からツアーに参加するのがおすすめ。タクツァン僧院への行き方は旅行会社によって異なるが、一般には、パロ空港から、旅行会社がチャーターしたバスでタクツァン僧院登山口まで向かい、そこから第一展望台まで、約1時間歩く。第一展望台から第二展望台までは約40分。そこから僧院まで、さらに約40分歩く。第二展望台からは一度山を下って渓流をわたり、絶壁を縫うようにつくられた石段を登って僧院に入る。僧院を見学したら、帰りも同じ行程で登山口まで戻る。

たとえばこんな旅 ▶ 3泊6日

1日目	羽田 → （機中泊）
2日目	バンコクで乗り継ぎ → パロ → ティンプーへ・市内観光（ティンプー泊）
3日目	ティンプー → パロへ・市内観光やハイキングを楽しむ（パロ泊）
4日目	パロ → タクツァン僧院へトレッキング（パロ泊）
5日目	パロ → バンコクで乗り継ぎ（機中泊）
6日目	羽田着

🔊 おすすめ！
ティエラさん
信仰心深くお祈りしているお坊さんがいたり、仏像の部屋がたくさんあったりした。そしてベランダから見える景色がまた美しい。

こんなかわいい笑顔に
出会えるかも！

©ブータン政府観光局

おすすめの季節

3月から5月
9月から11月

6〜8月が雨期で9〜5月が乾期。一般に天候が安定している春（3〜5月）と秋（9〜11月）がおすすめだ。ただ、気候の変化が激しいので、1年を通して夏服と冬服の両方を持っていったほうがいい。

旅の予算

約20万円から

ブータンへの旅は、基本的にツアーに参加することになる。多くの旅行会社がさまざまなプランを用意しているので問い合わせてみよう。ブータン旅行を扱う会社は、ブータン政府観光局のサイトを参照。http://www.travel-to-bhutan.jp/tour_operator

旅のポイント

ブータンの国土は標高200mから7000m以上と差があり、標高差による寒暖の変化が激しい。しかも、朝晩の気温差も大きいので、調節できる服装を。また、紫外線が強く乾燥しているので、サングラスや日焼け止め、リップクリーム、帽子なども用意したい。トレッキングには、防水加工された軽登山靴を持っていくのがおすすめだ。

MORE FUN!

広大な森林の中は
めずらしい動物がいっぱい！

4000m級の高地ではユキヒョウやレッサーパンダなどが、南ブータンの熱帯の森ではブータンの固有種のゴールデンラングール（写真）や一角サイなどが暮らしている。運がよければ出会えるかも。

©ブータン政府観光局

空の玄関口・パロは
標高2000m超の街

中央にパロ川が流れるパロは、山がちなブータンにあって、珍しく平地が多い。そのため豊かな水田が広がり、高台ではパロ・ゾン（写真）が雄姿を見せる。ゾンとは、行政庁舎と僧院を兼ねた城塞建築で、ブータンでは多く見られるもの。

手つかずの自然が残る
草花の楽園

国土の約70%が森林に覆われたブータンは、植物の宝庫。国花の青いケシは、ブータンで発見された希少な植物。

NATIONAL FLOWER OF BHUTAN

©ブータン政府観光局

おまけネタ

首都ティンプーの中心街の北部、川沿いにあるサブジ・バザールは、ティンプー市民御用達の市場。乾燥チーズ「チュゴ」のような珍しい食材から西洋野菜まで、種類は豊富。橋をわたった対岸には、竹細工や漆塗りの碗などの工芸品が並ぶ市場も。週末のみの営業だが、日程が合えばのぞいてみたい。

絶景 <u>42</u>　　**ケーブルビーチのキャメルライド** ［動物体験］　オーストラリア

西オーストラリア州北部のブルーム近郊にあるケーブルビーチは、22km続く白い砂浜とターコイズブルーの海が美しいビーチ。夕方には遠浅のビーチに空の色が反射し、一面が金色に染まる。その感動的な光景をラクダに乗って眺める「キャメルライド」のアクティビティが人気。また、近くのタウンビーチでは、3 〜 10月に月光が一直線に海面に反射する、「月への階段」と呼ばれる現象も見られる。

絶景 43 　宮島水中花火大会 ［イベント］ 　広島県

広島県南部、瀬戸内海に面した広島湾に浮かぶ宮島（厳島）で、毎年8月上旬に開催される花火大会。約5000
発もの花火が打ち上げられ、沖合400m地点から投げ込まれる150発もの水中花火が、海上で半円を描く。
花火を背景に、水中にそびえる厳島神社の大鳥居や社殿のシルエットが浮かび上がる様子は幻想的で、毎年
世界中から写真愛好家が集まる。日本の花火百選にも選ばれている。

絶景 42　オーストラリア　[動物体験]

ケーブルビーチのキャメルライド

黄金に輝く海辺を
ラクダで歩く優雅な体験

ケーブルビーチ
オーストラリア

絶景への
ご案内

西オーストラリア州の北、赤道近くに位置するブルーム。日本からの直行便は運行していないので、オーストラリア国内での乗り継ぎが必要。最短でも約17時間の旅となる。キャメルライドができるケーブルビーチは、ブルームの西側でインド洋に面している。ブルーム国際空港から車に乗り換え、10分ほどで行ける距離。また、「月への階段」を見ることができるタウンビーチは、東側のローバック湾に面しており、こちらも空港から車で10分ほどで行くことができる。

📣行きたい！　詩歩
砂漠でのキャメルライドは何度もしたことがあるけれど、ビーチでなんて聞いたことない！　浜辺に反射するラクダのシルエットを楽しみたいな。

たとえばこんな旅 ▶ 3泊6日

1日目	成田 → オーストラリア国内などで2回乗り継ぎ → (機中泊)
2日目	ブルーム（ブルーム泊）
3日目	自由行動・ローバック湾でバードウォッチングや、ビーチを満喫 → 夕方はケーブルビーチでキャメルライドを楽しむ（ブルーム泊）
4日目	自由行動・4WDで回るダンピア半島ツアーに参加（ブルーム泊）
5日目	ブルーム → パース → シンガポールで乗り継ぎ → (空港泊)
6日目	シンガポール → 成田着

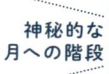
神秘的な
月への階段

©Tourism Australia

おすすめの季節

5月から10月

ブルームは5〜10月が乾季。晴れの日が続き、湿度も低く過ごしやすい。雨季は11〜4月で、そのうち1〜3月はモンスーンの季節となり大雨や洪水になるため。現地がもっとも賑わう時期は6〜8月中旬。

旅の予算

約16万円から

ブルームのホテルの宿泊料金は1泊約1万円〜。キャメルライドツアーの料金は約7000円〜。キャメルライドツアーの予約は日本の旅行会社から、または現地旅行会社のサイト（英文）から申し込み可能。

旅のポイント

ケーブルビーチの、ラクダに乗って夕陽を見るツアーは大人気。旅行の日程が決まったら早めの予約がマスト。また、タウンビーチの「月への階段」は、3〜10月の満月の日とその前後の日の干潮時に見ることができる。まずは月齢カレンダーのチェックを。雨が降ると見られないので、雨季明けの5月以降の方が見られる確率は高い。

+αのお楽しみ
MORE FUN!

4WDツアーで
赤土の大地を走る

ブルームからダンピア半島の北端・レベック岬までドライブ！　途中にはアボリジニのコミュニティや、1917年に建てられた、真珠貝でできた祭壇がある、かわいらしいセイクリッド・ハート教会もある

©Tourism Australia

CHEERS!

ローバック湾を臨み
ビールで乾杯！

街で人気のマツオズ・ブルワリーで、風光明媚なローバック湾を眺めながら、クラフトビールを楽しもう。

インド洋の贈り物
一生もののパールをショッピング

南洋真珠の本場ブルーム。美しい真珠はチャイナタウンのショールームで見ることができる。少し値は張るが自分用のお土産探しに最適。クオリティも高くフォーマルなデザインを選べば一生ものに。

おまけネタ

インド洋に面するブルームは、実は日本人にゆかりのある土地。1800年代後半、南洋真珠の養殖で栄えた当地には真珠採取のために日本人ほか、多くのアジア人が移住した。中でも技術の高い日本人の潜水夫たちは、真珠産業発展に貢献した。現在でも町には日本人墓地があり900人以上の潜水夫が葬られている。

絶景 43 広島県 ［イベント］

宮島水中花火大会

鮮やかに浮かび上がる 妖艶な大輪の花

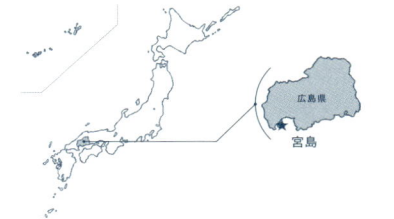

広島県
宮島

絶景への
ご案内

花火の打ち上げが行われるのは、宮島にある厳島神社大鳥居の沖合400mの海上。花火見学のメインスポットも宮島になる。新幹線で広島駅まで行き、在来線の山陽本線に乗り換え宮島口駅で下車。フェリー乗り場の宮島口桟橋まで5分ほど歩き、乗船。約10分で宮島に着く。花火大会当日、フェリーは大幅に増便されるが、時間によっては乗るのに1〜2時間を要するので、スケジュールには余裕を持って。

☛おすすめ！ 苧側 徹さん
花火が打ち上がるたび、照らし出される大鳥居のシルエットに感動！ 世界でここにしかない、心に響く絶景でした。待ち時間もあなご飯や牡蠣など、名物が楽しめます♪

たとえばこんな旅 ▶ 1泊2日

1日目 東京 → 新幹線で広島
　　　 → JR山陽本線で宮島口
　　　 → 徒歩で宮島口桟橋
　　　 → フェリーで宮島へ・花火大会を楽しむ（宮島泊）

2日目 宮島 → フェリーで宮島口桟橋 → 徒歩でJR宮島口駅
　　　 → JR山陽線で広島駅
　　　 → 新幹線で帰宅 → 東京着

島内には約500頭のニホンジカがいるんだよ

平安絵巻を思わせる管絃祭も夏の宮島の風物詩

©広島県

おすすめの季節

8月上旬

花火の開始時刻は例年19時40分〜20時40分。台風などよほどの荒天でない限り、雨天でも決行される。

旅の予算

約6万円から

宮島のホテルの宿泊料金は1泊約8000円〜。フェリー代は360円（往復）。有料観覧席代は6000円（購入は電話のみ受付可。詳細は宮島観光協会のサイトで告知）。
http://www.miyajima.or.jp

旅のポイント

有料観覧席が確保できなかったり、大鳥居をバックに花火を楽しみたいなら場所取りを。当日午前0時から解禁になる。ベストポイントは、厳島神社大鳥居前。しかし海際のため、シート等を放置すると満潮時には水没する恐れも。宮島の干潮満潮情報は宮島観光協会のサイトで確認できるので、チェックして対策を。

+αのお楽しみ
MORE FUN!

タイムスリップしたような
風景が郷愁をそそる町屋通り
宮島の表参道商店街の1本裏手にある町家通りは、江戸時代から戦前までの古い町屋が点在する。伝統的な町屋建築に今風のテイストを加えた、レトロモダンな店やギャラリーが多く観光客にも人気。

ANAGO MESHI

香ばしさがたまらない！
宮島名物あなご飯
宮島が臨む大野瀬戸産のあなごは、牡蠣と並ぶ宮島名物。店ごとの秘伝のタレでいただくあなご飯は絶品。

©広島県

島内で一番高い弥山も
見どころがいっぱい
弥山は古くから神霊が宿るとして、信仰されている山。535mの頂上からは広島市内や瀬戸内海が一望できる。また神の山にふさわしく奇岩・巨岩が多い。中腹まではロープウェイで行くことができる。

おまけネタ

宮島水中花火大会実行委員会が例年7月1日から発売する有料観覧席は、人気なので申し込みは早めに。また当日は船舶会社が花火鑑賞用遊覧船やクルーズなどを実施する。なお、当日宮島内の宿泊施設は非常に混み合う。予約を先着順で受け付ける宿と、抽選で決める宿があるので各宿に確認を。

絶景 <u>44</u>　　ソンドン洞窟のケイブトレッキング ［フィールドアクティビティ］　ベトナム

ソンドン洞窟はベトナム中部の「フォンニャ・ケバン国立公園」内にある、世界最大の洞窟。1991年に発見され、その後2009年に探検隊が調査し、全貌が明らかになった。洞窟内は非常に広く、全長約9km、幅約200m、高さ約150mにも及び、40階建ての高層ビルが収まる規模。中に滝やジャングルまで存在し、新種の生物も発見されている。トレッキングルートは険しく、探検するにはツアーへの参加が必要。

絶景体験　ベストシーズンカレンダー

*このカレンダーはだいたいの目安であり、実際はその年の気候によって変動する可能性もあります。実際に行く前に、現地の状況をご確認ください。

				Spring	Summer	Autumn	Winter
ヨーロッパ	絶景 29 page 076	アイスランド	ヴァトナヨークトル氷河のアイスケイブトレッキング			11 〜 3月	
	絶景 26 page 068	アイスランド	ヨークルサルロンのオーロラ鑑賞			9 〜 3月	
	絶景 14 page 040	イギリス（スコットランド）	グレンフィナン高架橋での機関車体験		6 〜 9月		
	絶景 40 page 104	イタリア	アルベロベッロ散策		通年		
	絶景 25 page 065	イタリア	グッビオのクリスマスツリー見学		12 〜 1月		
	絶景 58 page 148	イタリア	ドロミティでのハイキング		6月下旬〜10月頃		
	絶景 59 page 152	イタリア	ベネチアのゴンドラ遊覧		通年		
	絶景 47 page 121	オランダ	キンデルダイクのスケート		1 〜 2月		
	絶景 35 page 092	スペイン	イビサ島のボートクルージング		6月中旬〜9月中旬		
	絶景 17 page 048	ドイツ	ホーエンツォレルン城の雲海鑑賞		秋〜冬		
	絶景 13 page 036	ドイツ	ボッパルトのパラグライダー		5 〜 9月		
	絶景 46 page 120	フランス	エギーユ・デュ・ミディのガラスの展望台体験		通年		
	絶景 07 page 024	フランス	シャンパーニュの黄葉鑑賞		秋		
	絶景 11 page 032	ポルトガル	アンブレラ・スカイ・プロジェクト		7月		
	絶景 48 page 124	ロシア	バイカル湖見学		1 〜 3月		
アフリカ	絶景 54 page 137	南アフリカ共和国	ボルダーズビーチのペンギン見学		12 〜 1月		
	絶景 09 page 028	南アフリカ共和国	ナマクワランドの花畑鑑賞		8 〜 10月		
	絶景 39 page 101	南アフリカ共和国	プレトリアのジャカランダ鑑賞		10月中旬		
	絶景 19 page 052	モーリシャス	「海中の滝」の空中遊覧		5 〜 10月		
アジア	絶景 16 page 045	スリランカ	シギリヤロックの空中遊覧		6 〜 9月、12 〜 3月		
	絶景 37 page 096	タイ	イーペン・サンサーイ		11月中旬		
	絶景 10 page 029	タイ	チェンマイのエレファント・ライド		11 〜 2月中旬		
	絶景 53 page 136	タイ	ノンハン湖の"タレーブアデーン"鑑賞		12 〜 2月上旬		
	絶景 30 page 077	台湾	馬祖の藍眼涙（青の涙）鑑賞		4 〜 10月		
	絶景 49 page 125	中華人民共和国	鳴沙山の砂丘ウォーキング		9 〜 10月		
	絶景 18 page 049	中華人民共和国	天門山のスカイウォーク体験		4 〜 10月		
	絶景 56 page 144	中華人民共和国（香港）	ヴィクトリア・ハーバーの夜景クルージング		通年		
	絶景 27 page 072	ネパール	エベレストベースキャンプへトレッキング		10 〜 11月		
	絶景 41 page 105	ブータン	タクツァン僧院へのトレッキング		3 〜 5月、9 〜 11月		
	絶景 44 page 112	ベトナム	ソンドン洞窟のケイブトレッキング		2 〜 8月		

本書に掲載している全59件の絶景体験のベストシーズンをカレンダーにまとめました。「今度の休みはどの絶景で遊ぼう？」「このアクティビティをするのはいつがいい？」など、旅のプランニングの参考に、ぜひ！

	絶景	国・地域	体験	Spring	Summer	Autumn	Winter
アジア	絶景 36 page 093	ベトナム	ハロン湾のサンセットクルージング		6〜8月	11月〜12月	
	絶景 45 page 116	ベトナム／中華人民共和国	バンゾック滝（徳天瀑布）のボートクルージング		6〜9月		
日本	絶景 06 page 020	北海道	北竜町のひまわり畑のサイクリング		7月中旬〜8月中旬		
	絶景 55 page 140	新潟県	まつだい芝峠温泉の雲海鑑賞		春と秋		
	絶景 23 page 061	千葉県	波左間・海底神社の参拝ダイビング		通年		
	絶景 24 page 064	長野県	涸沢カールでキャンプ		9月下旬〜10月上旬		
	絶景 50 page 128	長野県	白馬八方尾根で雲海スキー		12〜5月初旬		
	絶景 52 page 133	静岡県	富士山でパラグライダー		秋〜冬		
	絶景 38 page 100	京都府	星のや京都の紅葉渡し船		11月中旬〜12月上旬		
	絶景 51 page 132	三重県	英虞湾のウォーターボール体験		通年		
	絶景 43 page 109	広島県	宮島水中花火大会		8月上旬		
	絶景 22 page 060	沖縄県	伊良部島のマーメイド体験		5〜10月		
オセアニア	絶景 42 page 108	オーストラリア	ケーブルビーチのキャメルライド		5〜10月		
	絶景 21 page 057	オーストラリア	ハートリーフの空中遊覧		4〜11月		
	絶景 08 page 025	ニュージーランド	カワラウブリッジのバンジージャンプ		12〜2月		
	絶景 32 page 085	ニュージーランド	テカポの星空鑑賞		6〜8月		
	絶景 31 page 084	ニュージーランド	ワイトモ洞窟の土ボタル鑑賞		12〜2月		
北米	絶景 04 page 016	アメリカ	アルバカーキ国際気球フェスティバル		10月前半		
	絶景 57 page 145	アメリカ	NYタイムズスクエアのカウントダウン		12月31日		
	絶景 15 page 044	アメリカ	モニュメントバレーへドライブ		5〜6月、9〜10月		
	絶景 33 page 088	アメリカ（グアム）	ブルーホールでダイビング		11〜5月		
	絶景 03 page 013	アメリカ（ハワイ）	マウイ島のSUP体験		通年		
	絶景 20 page 056	アメリカ（ハワイ）	モロキニ島のシュノーケリング		通年		
中南米	絶景 28 page 073	アルゼンチン	ペリト・モレノ氷河見学		12〜3月		
	絶景 05 page 017	オランダ自治領セント・マーチン島	マホビーチの飛行機鑑賞		12〜4月		
	絶景 01 page 008	ハイチ	ラバディのジップライン		11〜3月		
	絶景 34 page 089	バハマ	ビミニ諸島のドルフィンスイム		5〜9月		
	絶景 02 page 012	ベリーズ	グレートブルーホールでシュノーケリング		11〜4月		
	絶景 12 page 033	メキシコ	グアナファト散策		11〜3月		

絶景 45 バンゾック滝（徳天瀑布）のボートクルージング［ウォーターアクティビティ］ ベトナム／中華人民共和国

バンゾック滝（徳天瀑布）は、ベトナムの北部と中国の広西チワン族自治区の国境に位置する滝。高さ約50m、幅約300mあり、複数の国にまたがる滝としてはアジア最大の滝である。3段に勢いよく流れ落ちる様子やエメラルドグリーン色の滝壺が美しい。特に滝の水量が増える雨季は迫力を増す。小型の舟で滝を見学するアクティビティがあり、水しぶきを浴びるほど近くに行くことができる。

ソンドン洞窟のケイブトレッキング

謎だらけの異空間な洞窟に 子ども心がワクワクしちゃう

ソンドン洞窟

ベトナム

©xuanhuongho

川を下って フォンニャ・ケバン 国立公園へ

DESTINATIONS 絶景への ご案内

ハノイのノイバイ国際空港からドンホイ空港までは飛行機で約1時間25分。ドンホイからはツアー会社のバスでソンドン洞窟のあるフォンニャ・ケバン国立公園まで移動する。ソンドン洞窟までトレッキングで向かい、洞窟内でキャンプしながら、脅威の自然が広がる洞窟を探検する。ソンドン洞窟内は険しい道が続き、現状、中を探検するにはツアー（下記サイト参照・英文）への参加が必要となる。

http://oxalis.com.vn

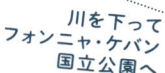

たとえばこんな旅 ▶ **7**泊**8**日

1日目	羽田 → ハノイ（ハノイ泊）
2日目	ハノイ → 飛行機でドンホイ → ツアー会社のバスでフォンニャ・ケバン国立公園近くのホテルへ・説明会に参加する（フォンニャ泊）
3日目	フォンニャからトレッキング・スタート → エン洞窟へ（エン洞窟泊）
4日目	ハンアン洞窟からソンドン洞窟へ向かう（ソンドン洞窟泊）
5日目	ソンドン洞窟でトレッキング（ソンドン洞窟泊）
6日目	ソンドン洞窟でトレッキング → エン洞窟へ（エン洞窟泊）
7日目	トレッキングしながらフォンニャへ戻る（フォンニャ泊）
8日目	ツアー会社のバスでドンホイへ → 飛行機でハノイへ → 羽田着

💬おすすめ！
吉田勝次さん
かなり強力なライトで照らさないと天井が見えません。歩いていても寝ていてもそこが洞窟だということを忘れてしまうほどの人類が発見した世界最大の洞窟なのです。

おすすめの季節

2月から8月

雨季に入ると、洪水の危険性があるため、ソンドン洞窟のトレッキングツアーを実施しているのは、この時期のみ。人気ツアーにつき予約は早々に埋まるので、長期的に計画を。

旅の予算

約43万円から

ソンドン洞窟トレッキングツアーの料金は約33万円（ツアー中の宿泊費や食費、トレッキングやキャンプのギアのレンタル料などを含む）、ハノイのホテルの宿泊料金は1泊約5000円～。

旅のポイント

洞窟内は非常に険しく、トレッキング上級者向きで、ツアーの参加資格は18歳以上。10人までの小グループでのツアーとなっている。もう少し気軽に洞窟探検をするなら、フォンニャ・ケバン国立公園にあるフォンニャ洞窟やティエンソン洞窟、ティエンドン洞窟がおすすめ。ドンホイや近郊の街・フエから日帰りツアーで行ける。

+αのお楽しみ
MORE FUN!

BON APPÉTIT

足を伸ばして 宮廷料理に舌鼓
フォンニャから車で約4時間のフエは、かつての王都。名物は繊細な装飾を施した宮廷料理。もちろん味も◎。

ボートに乗って フォンニャ洞窟探検
フォンニャ（風の牙）洞窟では、洞窟内の岩壁に書かれた古代文字やライトアップされた鍾乳石などが見学できる。ここから500段以上の石段を登ると、ティエンソン（仙人山）洞窟に着く。

©xuanhuongho

©xuanhuongho

天国の洞窟と呼ばれる ティエンドン洞窟
全長31kmとアジア最長規模の洞窟。洞窟に行くためにはきつい坂道を登らなければならないが、中に入れば、幻想的な風景にため息の連続。遊歩道を歩けば、鍾乳石が圧倒的な迫力で迫ってくる。

おまけネタ

ソンドン洞窟があるフォンニャ・ケバン国立公園は、ラオス国境近くに広がる公園で、アジア最古、世界最大級の洞窟があることで知られる。原生林に覆われた広大な敷地には、300を超える洞窟がある。また豊富な生態系を有しており、絶滅危惧種を含む、60種を超える希少な動物が生息している。

バンゾック滝（徳天瀑布）のボートクルージング

せっかくここまで来たのならずぶ濡れになっちゃおう

 絶景へのご案内

バンゾック滝は、ベトナムと中国の国境に位置する滝で、中国では徳天瀑布と呼ばれる。ベトナムと中国、双方から行けるが、滝の正面が向いているのはベトナム側で、陸地からでもきれいな滝が見られる。ベトナムから行く場合は、ハノイから向かう。ハノイのミーディン・バスターミナルからバスで約7〜8時間でカオバン省の省都カオバンへ。カオバン市内からバンゾック滝の入口までは、さらにタクシーで約2〜3時間。その後15分ほど歩けば、バンゾック滝に到着する。なお、バンゾック滝は国境地域にあるため、入域許可証の取得が必要になる。

いかだのような舟で、滝つぼ近くまで行く

©topten22photo

たとえばこんな旅 ▶ 3泊4日

1日目	成田 → ハノイ（ハノイ泊）
2日目	ハノイ → バスでカオバンへ（カオバン泊）
3日目	カオバン → 車でバンゾック滝へ・船に乗って滝めぐり → カオバン → バスでハノイへ（ハノイ泊）
4日目	ハノイ市内を観光 → ハノイ → 成田着

👍おすすめ！
yoneさん
雨季の晴れ間に行ったので、水量は多いしきれいに見れて幸運だった(･ω･)v

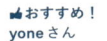

中国側から行く場合は、中国内の都市を乗り継いで広西チワン族自治区の首府・南寧へ。そこからバスなどで向かう。

おすすめの季節

6月から9月

滝がきれいなのは、6〜9月の雨季のシーズン。とくに7月から8月にかけては水量が多く、ダイナミックな滝を見ることができる。ただ、雨季は激しいスコールが降るので、しっかりした雨具の持参を。

旅の予算

約8万円から

ハノイのホテルの宿泊料金は1泊約5000円〜、カオバンのホテルの宿泊料金は1泊約3000円〜。ハノイからカオバンへのバス代は約1700円（往復）。

旅のポイント

バンゾック滝はかなりの秘境で、個人で行くには難易度が高い。しかも、入域許可証も必要となる。ハノイから現地ツアーが出ているが、ベトナム人向けのものなので、言語などが不安なら、日本からバンゾック滝行きのツアーに参加するのが、一番現実的だ。また、リクエストすれば、バンゾック滝へ行くプライベートツアーを実施してくれる旅行会社もある。

+αのお楽しみ
MORE FUN!

VIETNAMESE SANDWICHES

ベトナムのB級グルメの決定版
フランスパンに野菜や肉などを挟んだサンドイッチ「バインミー」。街を歩けばあちらこちらで売っている。

2014年に世界遺産に登録されたチャンアン名勝・遺跡群

ハノイの南約100kmにある「チャンアン名勝・遺跡群」は、10世紀の古都ホアルー、「陸のハロン湾」と呼ばれる奇岩の景勝地・タムコック（写真）、洞窟寺院のビックドンなどが含まれる複合遺産だ。

©longthieugia

ホアンキエム湖は地元の人たちの憩いの場

ハノイの中心部にあるホアンキエム湖は、伝説の大亀が棲んでいた湖。地元の人たちものんびり寛いでいる人気のスポットだ。散策に疲れたら、とりあえずここを目指そう。

 おまけネタ

ハノイ郊外にある「ベトナム民族学博物館」は、ベトナム全土に住む54の民族について学ぶことができる博物館。屋外には、各民族の民家なども移築されていて、内部に入ることもできる。民芸品などを売っているショップもあるので、お土産探しにもいい。日本語のパンフレットもある。

絶景 46　　**エギーユ・デュ・ミディのガラスの展望台体験** ［フィールドアクティビティ］　フランス

エギーユ・デュ・ミディは、フランス東部とイタリアとの国境にあるモンブラン山系の最高峰。標高3842mの頂上に2013年に作られた展望台は、全面がガラス張りになっており、目の前には雄大なパノラマを、足下には遥か1km下に巨大な氷河を眺めることができる。展望台は「Step into the Void（虚空へのステップ）」と名付けられ、観光客らが恐る恐る足を踏み出し、その見事な眺望を楽しんでいる。

絶景 47　キンデルダイクのスケート ［フィールドアクティビティ］　オランダ

キンデルダイクは、オランダ大西洋側のロッテルダム近郊にある地区で、運河沿いに並ぶ19の風車群が有名な場所。風車は1740年頃、灌漑設備用としてつくられた歴史あるもので、1997年に世界遺産に登録された。寒波が訪れた冬などに、まれに運河が凍結して「氷の道」が出現することがあり、冬の移動手段としてスケートが日常的な地元の住民たちが、天然のリンクを楽しむ姿が見られる。

エギーユ・デュ・ミディの
ガラスの展望台体験

一歩踏み出した先は…
天国となるか地獄となるか

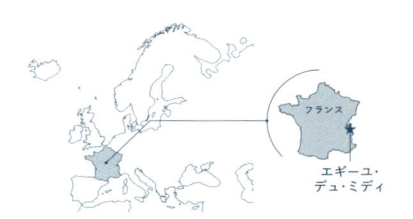

フランス

エギーユ・
デュ・ミディ

絶景への
ご案内

ジュネーヴ空港からバスで、フランスの人気リゾート地・シャモニーへ。所要時間は約1時間30分〜2時間。エギーユ・デュ・ミディ麓のロープウェイ乗り場から、たった8分ほどで、標高2317mの中間駅プラン・ド・レギュイユに到着する。体を高地に慣らすため、ここでひと休みしよう。ひと息ついたら、再びロープウェイに乗って山頂を目指す。中間駅からなら、10分ほどでエギーユ・デュ・ミディ北峰に到着だ。さらにエレベーターに乗って標高3842mの頂上テラスに行くと、その一角にガラスの展望台がある。

ロープウェイを使えば軽装備のまま頂上まで行ける!

たとえばこんな旅 ▶ **4**泊**6**日

1日目	成田 → モスクワで乗り継ぎ → ジュネーヴ(ジュネーヴ泊)
2日目	ジュネーヴ → バスでシャモニーへ・周辺を観光(シャモニー泊)
3日目	シャモニー → ロープウェイでエギーユ・デュ・ミディ山頂のガラスの展望台へ → ハイキングを楽しむ(シャモニー泊)
4日目	シャモニーを散策 → バスでジュネーヴへ(ジュネーヴ泊)
5日目	ジュネーヴ → モスクワで乗り継ぎ(機中泊)
6日目	成田着

👍おすすめ!
シャモニー観光局 クロエさん
怖いので鳥肌がたちますが、天気によって見える風景が違うのでいつ行っても楽しめます。4人まで入ることができ、スリッパを借りられます。

おすすめの季節

通年

1年中山頂の雪景色が見られる。さまざまなアクティビティを楽しみたいなら、夏場がおすすめだが、7、8月は混雑する。夏でも山頂は寒いので、上着やセーターは必携だ。ロープウェイは11月上旬〜12月中旬の定期点検期間中は休業する。

旅の予算

約**13.5**万円から

ジュネーヴ空港からシャモニーまでのバス料金(往復)は約6000円、エギーユ・デュ・ミディ北峰山頂までのロープウェイの料金(往復)は約7200円、ジュネーヴのホテルの宿泊料金は1泊約1万円〜、シャモニーのホテルの宿泊料金は1泊約5000円〜。

旅のポイント

エギーユ・デュ・ミディ行きのロープウェイや登山電車が乗り放題になる「モンブラン・マルチパス」はお得で便利。1日券約7500円で、ロープウェイ乗り場で購入可能。なおロープウェイは混雑することがあるので、なるべく早めの時間に。とくに混み合う7、8月は下記サイト(英文)で予約できるので、申し込んでおくと安心。
http://www.ski-chamonix.info/en/

MORE FUN!

**夏の山で
野生のヤギを発見!**
シャモニーではトレッキングの途中に、こんな立派な角を持った山ヤギたちと遭遇することもある。

ガラスの展望台帰りにのんびりハイキングを
ロープウェイの中間駅、プラン・ド・レギュイユ駅からモンタンヴェールへ向かう約3時間のコースは、比較的平坦で歩きやすい。アルプス三大名花の一つ、アルペンローゼと出会えるかも。

ALPINE ROSE

**赤い登山列車に乗って
氷河見物に出かけよう**
シャモニーから登山電車に乗って、終点のモンタンヴェール駅へ。目の前にはメール・ド・グラス氷河が広がり、その先にはアルプス三大北壁のひとつ、グランド・ジョラスの北壁が見える。

おまけネタ

シャモニーのサン・ミッシェル教会脇の坂を上ったところに、標高2525mのブレヴァンに向かうロープウェイ乗り場がある。途中プランプラで乗り継ぎ、山頂へ。ここには人気の「ル・パノラミック」というレストランがあり、テラス席に座ればモンブランの雄姿を眺めながら食事を楽しむことができる。

キンデルダイクのスケート

極寒の冬にだけ見られる
風車の下のスケートリンク

オランダ
キンデルダイク

絶景への
ご案内

オランダの玄関口、スキポール空港の地下にあるスキポール空港駅からアムステルダム中央駅までは、オランダ鉄道（NS線）に乗って約20分。ここからロッテルダム中央駅までは、直行便で約40分だ。ロッテルダム中央駅からは、ロッテルダム・ロンバルダイン駅に行き（約10分）、駅前の道路を挟んで向かい側のバス停へ。ユトレヒト行きの90番バスに乗って約40分、キンデルダイク・モーレンケイドで降りれば、目的の「キンデルダイク・エルスハウトの風車群」までは、歩いてすぐだ。

📧おすすめ！ すとろべりーふらわーさん
1週間ほどマイナスという日々が続いていたため、運河には氷が張り天然のスケートリンクに！ ソリ遊びもスケート遊びもどちらも楽しめます。

たとえばこんな旅 ▶ 4泊6日

1日目	成田 → モスクワで乗り継ぎ → アムステルダム（アムステルダム泊）
2日目	アムステルダム → 列車でロッテルダムへ・市内観光（ロッテルダム泊）
3日目	ロッテルダム → 列車とバスでキンデルダイク・エルスハウトの風車群へ・スケートを楽しむ（ロッテルダム泊）
4日目	ロッテルダム → 列車でアムステルダムへ・市内観光（アムステルダム泊）
5日目	アムステルダム → モスクワで乗り継ぎ → （機中泊）
6日目	成田着

**キンデルダイクは
スケート靴持参で**

凍っていない時期なら、運河めぐりのボートが運航。水の上から風車が眺められる。

おすすめの季節

1月から2月

寒波が訪れて非常に冷え込んだときでないと厚い氷は張らないので、事前に情報収集を。氷が薄くなっている場所もあるので、滑る際には十分に気をつけること。防寒・防水の準備も必要。

旅の予算

約11万円から

アムステルダムのホテルの宿泊料金は1泊約7000円〜、ロッテルダムのホテルの宿泊料金は1泊約7500円〜。アムステルダムからロッテルダムの列車の料金（2等、往復）は約3700円〜。

旅のポイント

非常に冷え込んだときのみに出現する自然現象なので、レンタルショップなどはない。スケートシューズは各自持参を。なお、19基の風車のうち2基が博物館になっていて、見学できる。かつてポンプ場だった建物内のビジターセンターでは、キンデルダイクに関するフィルムが上映され、資料展示も。2つの博物館とビジターセンターの入館がセットで約1000円。

+αのお楽しみ
MORE FUN!

**マイスケート靴がない人は
アムステルダムで**
例年12〜1月頃にオープンするアムステルダム国立美術館前のスケート場（写真）は、夜にはライトアップされて幻想的。スケート靴のレンタルも可能。入場の際に身分証明書の提示を求められる場合もあるのでパスポートは忘れずに。

©thehague

コロッケが自販機で買える?!
オランダにはコロッケの自販機がある。チェーン店のFEBOなどにあるので、遭遇したら、ぜひ、試してみて。

**宿泊もできる現代建築
キューブハウス**
ロッテルダムのブラーク駅近くにあるキューブハウスは、なんとマンション。不思議な形をしているため、マンションの1室が公開されている。「Stayokay Hostel Rotterdam」というユースホステルになっている棟もあり、日本からも宿泊予約サイトなどを通して予約できる。

おまけネタ

11月下旬から1月中旬にかけて、アムステルダムは、運河や川沿いを中心にさまざまなところがライトアップされて光り輝く。中でも、華やかなライトで彩られた多くの船が行き交う「クリスマス運河パレード」はハイライト。聖歌隊もクリスマスムードを盛り上げる。

絶景 <u>48</u>　　バイカル湖見学［自然体験］　ロシア

バイカル湖はロシア中東部にある、約3万km²の広大な湖。約3000万年前に形成された、世界最古の湖とされる。40mに達する透明度をはじめ、1600m以上に及ぶ水深や貯水量はいずれも世界一。世界中の淡水の17〜20%がここにあると言われている。冬季は湖が氷結し、湖上を歩いてそのスケールを体感できる。春が近づくと凍った湖面が隆起し、ガラスのように透き通った神秘的な姿は見応えがある。

絶景 <u>49</u> 　鳴沙山の砂丘ウォーキング ［フィールドアクティビティ］　中華人民共和国

鳴沙山は、中国甘粛省北西部の敦煌市郊外にある広大な砂丘。その規模は東西約40km、南北約20kmで、最高峰は250mにも及ぶ。風が吹くと砂が美しい音を立てるため「鳴（く）沙（砂）山」の名で呼ばれるようになった。アクティビティが盛んで、砂丘の頂上へとかけられた木製の梯子を登るコースが人気。梯子を登り切ると、広大な砂丘を一望できるとともに、砂漠のオアシスと呼ばれる三日月型の泉、「月牙泉」も見られる。

絶景 48 ロシア ［自然体験］

バイカル湖見学

厳冬を超えて美しく輝く シベリアの真珠

ロシア
バイカル湖

絶景への
ご案内

イルクーツク国際空港から市内中心部までは、トロリーバスで約30分。ここからバスに乗り換えて、リストヴァンカまでは約1時間の道のり。バスは、8時から18時30分の間、市内のメインバスターミナルから、約2時間ごとに出発する。リストヴァンカのバス停で降りれば、目の前にバイカル湖が広がり、凍った湖上に下りることができる。ただ、大自然の中のバイカル湖を散策したり、凍った湖の上を車で走ったり、湖に浮かぶオリホン島へ渡ったりしたいなら、日本からツアーに参加するのがおすすめだ。

不純物の少ない氷だから
太陽光の青い光が通過して
美しい水色に

©Nickolay Vinokurov

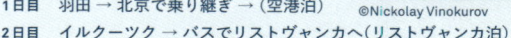

たとえばこんな旅 ▶ 3泊6日

1日目	羽田 → 北京で乗り継ぎ →（空港泊）
2日目	イルクーツク → バスでリストヴァンカへ（リストヴァンカ泊）
3日目	リストヴァンカでバイカル湖見学（リストヴァンカ泊）
4日目	自由行動・リストヴァンカ観光（リストヴァンカ泊）
5日目	リストヴァンカ → バスでイルクーツクへ（空港泊）
6日目	イルクーツク → 北京で乗り継ぎ → 羽田着

バイカルアザラシは
淡水にすむ
唯一のアザラシ

💬行きたい！
詩歩
世界最深の湖が、車が通行できるほど固く凍結してしまうなんて！ その氷がひび割れる時期に行けるかは運が大事です。

おすすめの季節

1月から3月

とくに3月は、表面を覆う氷がひび割れて隆起する。1月から2月にかけては、-15℃から-20℃にもなるので、防寒着はもちろん、厚手のウール製の手袋や帽子も忘れずに。

旅の予算

約10万円から

リストヴァンカのホテルの宿泊料金は1泊約7000円〜。イルクーツクからリストヴァンカまでのバス代（往復）は約340円〜。

旅のポイント

港町のリストヴァンカはバイカル湖観光の中心地。バイカル湖博物館もあり、併設の水族館では、愛らしいバイカルアザラシが見られる。擬似湖底探検ができる「バイカル・ダイビング」も人気。「シベリアのパリ」と呼ばれるイルクーツクは、美しい街並みが特徴。なお、現在ロシア全域で危険情報が出ているので安全にも気をつけて。

+αのお楽しみ
MORE FUN!

美しい建造物が点在する イルクーツクの街

内部のフレスコ画もみごとなバガヤヴリェーンスキー聖堂（写真）やシベリア有数の規模を誇るイルクーツク州立美術館、古い街並みを再現した130地区など、見どころはいろいろ。

©rutin55

バイカル湖で獲れる オームリに舌鼓！

オームリはサケの一種で、バイカル湖に生息する代表的な白身魚。燻製や塩漬け、焼き魚にして食べられる。

©アフロ

シベリア鉄道の窓から バイカル湖を一望！

シベリア鉄道のイルクーツク駅とウラン・ウデ駅の間、列車は約3時間にわたってバイカル湖岸を走行する。イルクーツクからウラン・ウデに向かう場合は、左手に湖が広がる。

おまけネタ

バイカル湖の南東に位置するウラン・ウデは、ロシア連邦を構成する共和国の一つ、ブリヤート自治共和国の首都。チベット仏教やシャーマニズムを信仰する人々が数多く暮らし、ロシアの中のアジアといった趣き。シベリア鉄道に乗る機会があれば、立ち寄ってみたい。

絶景 49 中華人民共和国 【フィールドアクティビティ】

鳴沙山の砂丘ウォーキング

山のように高い砂の丘
いったい何粒あるのだろう

鳴沙山
中華人民共和国

DESTINATIONS 絶景への
ご案内

敦煌空港から、市街地へは西に約13km、タクシーを利用して20分ほどで行ける。鳴沙山は敦煌市内から約5km、タクシーを利用すれば10分ほどで到着する。また「鳴沙山・月牙泉」行きの路線バスも敦煌市内中心部から出ている。市内から鳴山路を南下し、しばらく走ると、徐々に鳴沙山の壮大な風景が近づいてくる。入場ゲートで料金を支払って、リアルな砂漠を体験しよう。

たとえばこんな旅 ▶ 2泊5日

1日目	成田 → 成都で乗り換え（空港泊）
2日目	成都 → 敦煌 → タクシーまたはバスで市内へ → タクシーまたはバスで鳴沙山へ（敦煌泊）
3日目	自由行動・バスで莫高窟へ（敦煌泊）
4日目	敦煌 → 蘭州で乗り換え → （空港泊）
5日目	南京で乗り換え → 成田着

📌 行きたい！
詩歩
鳴沙山の最高地点250mは、鳥取砂丘のなんと2.5倍以上！ 想像すらできない規模感、これは現地に行かなきゃわからない。

© 中国国家観光局（大阪）

おすすめの季節

9月から10月

12〜1月は平均最低気温が-10℃以下。一方、夏の6〜8月は最高気温が30℃以上になる。4〜5月は砂嵐が起こりやすいシーズンなので、気候のよい9〜10月がベスト。また砂漠は遮るものがないので、帽子やサングラスは必携。

旅の予算

約8万円から

敦煌のホテルの宿泊料金は1泊約3000円〜。鳴沙山・月牙泉の入場料（4〜10月）は約2000円（11〜3月は約1300円）、ラクダのツアー料金は約1700円。

旅のポイント

入口付近では歩きやすいように靴カバーのレンタルがある（約250円）。砂丘を登るなら、梯子がかかっている登山エリアへ。梯子の利用は有料だが登りやすいのでおすすめ。ラクダのツアーを利用すればラクダに乗って頂上まで行くことができる。景観が美しい時間帯は夕方。日が沈むにつれ表情を変える砂漠の姿が見られる。

MORE FUN!

何千年も前から砂漠に湧き続ける不思議な泉

鳴沙山の観光ポイント、月牙泉は山間に湧き出している泉。三日月のような形で東西200mに広がっている。乾いた砂漠の中で、古から水を湛える姿は自然の不思議。ほとりには楼閣も復元されている。

© 中国国家観光局（大阪）

莫高窟は敦煌観光に外せないポイント

鳴沙山の東端の絶壁上にある石窟。4世紀から14世紀にわたって石洞が開削され、内部には仏教の教えが描かれたり、仏像が収められたりした。現在残る492の石窟が世界遺産に登録されている。

まるで砂漠を進むキャラバン!?

なかなか乗る機会のない、ラクダに乗っての砂漠ツアーは観光客に人気。乗り心地も案外悪くないそう。

© 中国国家観光局（大阪）

おまけネタ

敦煌市内のロータリーから東側、陽関中路に交差する商業一条街には夜になると市が立つ。露店がびっしりと軒を連ね、食品、土産物、工芸品や食器、アクセサリーなどが売られている。また名物のシシカバブや鍋物など、飲食の屋台も出るので食事もできる。

絶景 <u>50</u>　　白馬八方尾根で雲海スキー［フィールドアクティビティ］　長野県

白馬八方尾根は、長野県北部の北安曇郡白馬村にある山岳リゾート。12～5月頃にスキー場がオープンし、標高3000m級の雄大な北アルプスを背に、1071mの標高差を滑り降りることができる。標高が高いコースの周辺ではまれに雲海が出現し、青空の下、一面に雲海が広がる絶景の中を滑走できることも。1998年の長野オリンピックの開催地としても有名で、実際に競技で使用されたコースも残っている。

絶景　50　長野県　［フィールドアクティビティ］

白馬八方尾根で雲海スキー

全面雲海を眼下に臨む天空のゲレンデ

白馬八方尾根

長野県

DESTINATIONS
絶景への
ご案内

白馬八方バスターミナルからリフト・ゴンドラ乗り場までは、無料のシャトルバスで移動する。様々なコースがあるが、中でも眺望が見事なのは、標高1831mのゲレンデ最上部から下るリーゼングラートコース。シャトルバスを名木山ゲレンデで下車し、八方リーゼンクワッドからアルペンクワッド、グラートクワッドとリフトを乗り継ぎ、銀世界を眺めながら上っていくと、絶景ゲレンデが見えてくる。

白馬八方尾根スキー場
長野県北安曇郡白馬村大字北城
0261-72-3066（インフォメーションセンター）
http://www.happo-one.jp/

雄大な景色と一体になれる醍醐味

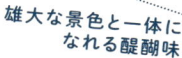
たとえばこんな旅 ▶ 1泊3日

1日目	新宿バスタ →（車中泊）
2日目	白馬八方バスターミナル下車 → 終日スキーを楽しむ・白馬八方温泉でリラックス（白馬八方泊）
3日目	自由行動・スキーを楽しむ → 白馬八方バスターミナル → 新宿バスタ着

白馬の新名物！
地元産のそば粉で
つくったガレット

🔊 おすすめ！
川原泰寛さん（撮影者）
リフトからみる下界の景色に「わお！」。見たことのない壮大な雲海が白馬盆地一面を覆う。リーゼングラートコース入口に来ると、さっき降り立ったゴンドラ駅が雲の境目に漂っている。雄叫びをあげながら何枚もシャッターを切った。

おすすめの季節

12月から5月初旬

パウダースノーで、国内外のスキーヤーを魅了する白馬八方尾根スキー場。営業期間は11月下旬～5月初旬。12～1月なら3月初めまではナイターも楽しめる。降雪状況によって変わるので事前に確認を。

旅の予算

約2.5万円から

新宿から白馬八方までのバス料金は8700円（往復）、夜行割増運賃1350円（片道）。白馬八方尾根の宿泊料金は1泊約6000円～。リフト1日券は5000円。

旅のポイント

八方尾根スキー場のコースは初級者向けから上級者向けまで13ある。晴れると北アルプスが360度見渡せ、壮大な光景を堪能できる。雲海の発生は気象条件次第だが、雲海に向かって滑走できるコースはリーゼングラートコースのほか、中級レベル以上のリーゼンスラロームコースから名木山ゲレンデ間、うさぎ平ゲレンデからパノラマゲレンデ間など。

＋αのお楽しみ
MORE FUN!

スキー後は温泉で
アンチエイジング
八方インフォメーションセンターから徒歩2分、日帰り温泉の「八方の湯」は、日本でも珍しい高濃度天然水素を含む温泉で、抗酸化作用があるそう。軽食を提供する「八方茶屋」も併設。

見ているだけでも
足がすくむ高さ
リーゼンスラロームコースは八方尾根スキー場の看板コース。最大斜度が30度もあり、斜面変化に富んでいる。

数々のドラマが生まれた
オリンピックの舞台
白馬八方尾根スキー場は、1998年の長野オリンピックの会場となり、熱戦が繰り広げられた。南側には日本人選手が大活躍した白馬ジャンプ競技場もあり、下から見上げるとその高さに唖然とする。

おまけネタ

白馬八方バスターミナルに併設されるインフォメーションセンターには、無料の更衣室、コインロッカー、ATMなどの設備や、アウトドアアイテムを購入できる「モンベルルーム」があって便利。スキー場のリフト券もここで購入できる。

平渓天燈節でランタン体験（台湾）

text：詩歩

ディズニー映画『塔の上のラプンツェル』を見たことがありますか？　高い塔に閉じ込められて育った女の子が、窓から夜空に打ち上がる美しいスカイランタンを見て感動し、脱出してそこへ辿り着くまでの冒険ストーリーです。
劇中の空飛ぶランタンのシーンが幻想的で話題を呼びましたが、その光景は、実は現実世界でも見られるのです。その一つが、毎年台湾で開催される「平渓天燈節」。わたしは2015年に参加してきました。

このフェスティバルに来る人には、2パターンの人がいるそう。それは、朝から並んでランタンの打ち上げチケットをGETする人と、そうでない人です。
え、わたし？　もちろん朝から並んで行ってきました！
台北を朝出発し、十分にあるチケット配布場所についたのは午前10時。冷たい雨が降る中、長蛇の列に並ぶこと1時間、無事打ち上げ券をGET！　その後、夜の打ち上げ時間まで、ひたすら時間を潰します。

空が暗くなってきて、ついにフェスティバルがスタート！ステージでド派手なオープニングイベントが行われます。その後、ランタンの打ち上げが全10回、各回200個ずつ行われました。
わたしは3回目、18時20分の回。集合場所で待機していると……急に「わああっ」という歓声があがりました。何事!?　と思って群衆の視線の先を見ると、大きなオレンジ色の明かりが灯ったランタンが一斉に空に打ち上がっているではありませんか！　そのスピードは意外と早く、みるみるうちにランタンは小さな点に。「これはやばい！　きれいすぎる!!!」と、テンションが上がっていると、ついに順番が来ました。
「さぁ、走って！」。制限時間があるのか、小学校の運動会のようにダッシュさせられ、打ち上げゾーンへ。記念撮影をする間もなく、とにかく急かされます。ランタンを打ち

十分はランタンの名所。年中ランタンを
打ち上げることができます。

上げるときは、願い事を書き込んでから飛ばすのですが、もはや何を願ったのか覚えていません。願い事を書き終えると、すぐさまスタッフさんが着火し、ランタン内に暖かい空気が溜まるのを待ちます。ランタンは高さ約130cmもある巨大サイズですが、1分ほどすると、「早く飛ばして！」と言わんばかりにふわふわとして、危なっかしくなってきます。

そしてついに、全200個のランタンに明かりが灯り、準備が整うと、カウントダウンがスタート。「3、2、1……GO！」手を離した瞬間、わたしの目線に位置にあった200個のランタンたちが、ものすごいスピードで昇っていきます。ふわふわ、というよりは、ひゅーんという感じ。な、なんだ、ラプンツェルと違うぞ！　ランタンたちは、あっという間に天に召されていきました。会場に入ってからの時間は、約10分。
ラプンツェル、あなたが見たスカイランタンとはちょっと違ったけれど、塔を抜けだしてまで見たい気持ちが、すごくわかったよ。

長蛇の列に耐え、
打ち上げチケットを無事GET！

平渓天燈節の動画はInstagramをチェック！
www.instagram.com/p/BBzKWbAqCwH/

※平渓天燈節のメイン会場となる十分廣場では、
　例年、旧正月の15日（元宵節）に開催。日付は
　新北市のサイト（北京語）でチェックを！
【DATA】
十分廣場
新北市平溪區南山里南山坪136號
http://tour.ntpc.gov.tw/tom/lang_jp/
index.aspx

絶景 51　英虞湾のウォーターボール体験 ［ウォーターアクティビティ］　三重県

英虞湾は志摩半島の南側にあり、リアス式海岸や夕陽の美しさで景勝地として知られる場所。ウォーターボールは直径約2.5mのビニール製のボールの中に入って水上を移動する、注目のアクティビティ。「志摩自然学校」ではこのウォーターボールに入って、英虞湾の景色に包まれながら浮遊体験を楽しむプログラムを提供している。水が澄む冬季にはウォーターボール内から海中生物の観察もできる。

絶景 <u>52</u>　富士山でパラグライダー［スカイアクティビティ］　静岡県

富士山は静岡県と山梨県にまたがる日本最高峰の山。2013年にはユネスコの世界遺産に登録された。周辺ではスカイアクティビティが人気で、中でも静岡県富士宮市の朝霧高原は、パラグライダーのメッカとされている。初心者でもインストラクターと一緒に高度300mほどまでフライトでき、空中から普段とは違う目線で富士山を楽しむことができる。

絶景 51 三重県 【ウォーターアクティビティ】

英虞湾（あごわん）の
ウォーターボール体験

水の上を歩いて
まるで忍者の気分！

三重県

英虞湾

絶景への
ご案内

ウォーターボール体験ができるのは、英虞湾に面した登茂山公園（ともやま）を拠点に、自然と遊ぶプログラムを提供している「志摩自然学校」。伊勢自動車道伊勢西ICを下りて県道32号線（伊勢道路）、国道167号線、国道260号線を経由して、県道602号線に入る。ここから5分ほどで、右手に志摩自然学校の看板が見えてくる。伊勢西ICからは約1時間（交通渋滞がない場合）。

志摩自然学校
三重県志摩市大王町波切2199
ともやま公園内
0599-72-1733
http://shima-sg.com/

波が穏やかな
英虞湾で
カヤック体験も！

たとえばこんな旅 ▶ 1泊2日

1日目 東京 → 新幹線で名古屋へ
→ 車で伊勢志摩へ・伊勢神宮などを観光（志摩泊）

2日目 志摩自然学校でウォーターボール体験 → 車で名古屋へ
→ 新幹線で帰宅 → 東京着

🔊 **おすすめ！**
MATCHA 青木優さん
ウォーターボールは不思議な空間で、水の上に浮いているような感覚になります。立つのが大変ですが、ぜひ挑戦してみてください。

「赤福餅」は300年ほど前に誕生した伊勢名物！

おすすめの季節

通年

ウォーターボールは1年を通して体験できるが、7〜9月は酷暑のため、日中の体験を中止し、夕方のみ実施。雨天または強風時は中止となる。

旅の予算

約5.5万円から

名古屋から伊勢西ICまでの高速道路料金（往復、ETC料金）は約6500円、レンタカー代（2日間）は約8500円〜、ウォーターボール体験料金（税別）は大人5000円、志摩市のホテルの宿泊料金は約8000円〜。

旅のポイント

志摩自然学校では、ウォーターボール体験に、カヤック体験またはデコフレーム作りがセットとなり、所要時間は約2時間。希望日前日の17時までに予約を。ウォーターボールは、濡れてもいい、動きやすい服装で挑戦しよう。女性もズボンがおすすめ（p132の写真は、スカートの下にズボンを着用）。帽子、タオル、着替えは持参して。

+αのお楽しみ

MORE FUN!

**エビの王様といえば
伊勢エビ！**
伊勢エビの漁期は10〜3月頃で、秋冬の伊勢志摩の特産品。弾力のある身は、茹でても活きづくりでも美味。

**お伊勢さんをお参りしたら
おかげ横丁でひと休み**
伊勢志摩で外せないのは、伊勢神宮。参拝の後は、江戸から明治期にかけての伊勢路の建築物を移築・再現したおかげ横丁へ。伊勢志摩ならではの名物や、お土産を揃えたお店が軒を連ねている。

**スペイン帆船型の船で
英虞湾をクルーズ**
"真珠のふるさと"と呼ばれる英虞湾を、スペイン大航海時代のカラック船をモチーフにした船でクルーズするツアー（下記サイト参照）があり、真珠工場の見学ができる。http://shima-marineleisure.com/

おまけネタ

伊勢志摩スカイラインの途中にある朝熊山頂展望台は、壮大な伊勢湾や伊勢志摩の全景はもちろん、晴れた日には富士山も望むことができる絶景スポット。なんと展望足湯もあり、ゆったりした気分で景色を楽しむことができる。山頂近くには、伊勢神宮の鬼門を守る名刹、金剛證寺がある。

絶景 <u>52</u> 静岡県 【スカイアクティビティ】

富士山でパラグライダー

日本一の山を空から眺める
日本一ぜいたくな体験

富士山

静岡県

絶景への
ご案内

東京から中央自動車道に乗って約1時間30分、高速河口湖ICで中央自動車道を降りて国道139号を進むこと約30分で、目的地近くの道の駅朝霧高原に到着する（所要時間は交通渋滞がない場合）。公共交通機関の便はよくないので、車で行くのがおすすめだ。朝霧高原は、パラグライダーのメッカだけあって、139号沿いにはいくつかのパラグライダースクールが点在する。スクールの案内で離陸場所へ。高度差約250mの空の散歩に出発だ。富士山が前方にそびえるロケーションに、いやが上にも気分が高まる。

こんな富士山を
空中から眺めることができます！

たとえばこんな旅 ▶ 1泊2日

1日目　東京
　　　　→ 車で朝霧高原へ・パラグライダー体験（朝霧高原泊）

2日目　朝霧高原を観光 → 車で帰宅 → 東京着

朝霧高原の
濃厚な牛乳は
お土産に人気！

Asagiri Milk

■おすすめ！
七尾エレナさん
富士山が目の前にどーんと構えているので自然を制した気分に！（笑）インストラクターさんが後ろにくっついてくれるので安心して挑めます！

おすすめの季節

秋から冬

朝霧高原は、一年中、高い確率で飛ぶことができるのが特徴。ただし、雨や雪、強風、北風で飛べないこともある。初心者が飛ぶなら夏〜秋に、雪化粧をした富士山を望みたいなら、秋や冬がおすすめ。

旅の予算

約2万円から

高速道路料金（往復、ETC料金）は約5000円〜、パラグライダーのタンデムフライトコースの料金は1人約8000円、朝霧高原近辺のホテルの宿泊料金は1泊約6000円〜。

旅のポイント

初心者なら、インストラクターと2人乗りパラグライダーで空の散歩が楽しめるタンデムコースがおすすめ。気軽に浮遊体験ができる体験コースやライセンス取得を目指すコースもある。スクールは、公益社団法人日本ハング・パラグライディング連盟のサイトをチェックして。
www.hangpara.jp

+αのお楽しみ

MORE FUN!

"B級グルメ王"
富士宮やきそば
B-1グランプリで2度もゴールドグランプリを受賞し、殿堂入りした「富士宮やきそば」。浅間大社前のお宮横丁で、どうぞ。

富士山の雪解け水がつくる名瀑

道の駅朝霧高原の南約14kmの場所にある白糸ノ滝は、高さ20m、幅150mの湾曲した絶壁から流れ落ちる滝。幾筋もの絹糸を垂らしているような、優しく女性的な姿が特徴だ。隣には、曾我兄弟の伝説でも知られる雄大な音止の滝もある。

山宮浅間神社から見る富士山は格別！

道の駅朝霧高原から南へ20kmあまり下ったところにある山宮浅間神社は、富士山自体を神として祀る神社。遙拝所の先にそびえる富士山もまた、美しい。世界遺産・富士山の構成資産の一つ。

おまけネタ

富士山の麓に広がる田貫湖畔にはキャンプ場もあり、富士山の雄姿を眺めながら、キャンプやサイクリング、釣りなどが楽しめる。テントは1張1泊2500円〜、サイト使用料は大人・子ども1人につき200円。水道がある炊飯棟（2か所）と温水シャワーを完備したシャワー室（有料）もある。

絶景 <u>53</u>　　ノンハン湖の"タレープアデーン"鑑賞［自然体験］　タイ

ノンハン湖はタイ北東部ウドーンターニー市近郊にある湖。約36km²の広大な湖には大量の蓮が生息。12
〜2月上旬の早朝には、開花した蓮の花で湖面がピンク色に染まり、現地では「タレープアデーン（赤い蓮の
海）」と呼ばれる。シーズン中には遊覧船が運行しており、湖上で360度蓮に囲まれながら鑑賞することがで
きる。2014年にはCNNの「世界の不思議な湖15選」の一つに選ばれた。

絶景 54　ボルダーズビーチのペンギン見学［動物体験］　南アフリカ共和国

ボルダーズビーチは南アフリカ南部ケープ半島にある、野生のアフリカペンギン約2000羽が生息するビーチ。世界でも珍しく都市部の近くにコロニーを形成しており、整備された遊歩道からよちよち歩きのペンギンを間近で見られるほか、隣接するビーチでは、遊びに来たペンギンと一緒に泳げることも。環境汚染や気候変動等の影響で昨今生息数が激減しており、2010年に絶滅危惧種に指定された。

絶景 53 タイ ［自然体験］

ノンハン湖の
"タレープアデーン" 鑑賞

早朝だけ見られる
湖上のピンクのカーペット

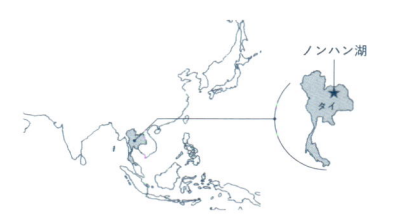

ノンハン湖

 絶景への
ご案内

バンコクの空港からウドーンターニー
国際空港までは約1時間のフライト。
蓮の花が咲くノンハン湖は、ウドーン
ターニーの市街地から南東へ約43km、
車で40分ほどの距離に位置している。
蓮が特に美しいのは早朝なので、個人
で行く場合はタクシー利用がベスト。
湖では遊覧船に乗って、沖のビューポ
イントまで移動。辺り一面がピンクに
染まる、別天地のように美しい湖を堪
能できる。

> 👍おすすめ！ 平原千波さん
> 周囲360度、濃いピンクの睡蓮が湖を紅く
> 染め上げる様は壮観！ 睡蓮はすべて自然
> 発生。他の色が交じることなく1色のみが
> 群生するのは珍しいそう。まさに自然の奇跡。

たとえばこんな旅 ▶ 3泊4日

1日目 成田
→ バンコク・スワンナブーム国際空港（バンコク泊）

2日目 バンコク・ドンムアン空港 → ウドーンターニーへ・
世界遺産のバンチェン遺跡を見学（ウドーンターニー泊）

3日目 自由行動・車で早朝ノンハン湖へ。咲き誇る蓮の花を堪能
→ ウドーンターニー → バンコク・ドンムアン空港
→ 自由行動・ワット・プラケオ（王宮寺院）などバンコク市内を観光
（バンコク泊）

4日目 バンコク・スワンナブーム国際空港 → 成田着

迫力あるムエタイも
一度は見てみたい

早起きした眠
気も吹き飛ぶ
ほどの鮮やか
なピンク

おすすめの季節

12月から2月上旬

タイの季節は雨季、乾季、暑季に分けられ
る。蓮の開花時期は例年12月から2月上
旬。この時期は乾季と重なり、旅に最も適
したシーズンでもある。1月半ばにはタレ
ープアデーンのお祭りも催される。

旅の予算

約8.5万円から

ウドーンターニーのホテルの宿泊料金は1
泊約3000円〜、バンコクのホテルの宿泊
料金は1泊約5000円〜。ノンハン湖まで
のタクシー代は約4000円（往復）、湖遊覧
船の料金は約300円〜。

旅のポイント

日の出とともに次第に蓮が開花。太陽が高
くなるお昼前には、再び閉じてしまうので、
午前中にお出かけを。特に日の出前の光景
が素晴らしく、朝もやの中、淡い水彩画の
ような幻想的な光景が見られる。シーズン
中は現地の旅行代理店でもツアーを催行して
いるので、それに参加するのも手。なお、
現在タイでは危険情報がでているので安全
には注意を。

+α のお楽しみ MORE FUN!

世界遺産になるかも？
イサーン様式の仏教建築

ウドーンターニーの西部にあるプー・プラ・
バート歴史公園内の2つの寺院は、ランサ
ーン王国（ラオス）の影響が色濃く残る。
外装に蓮の花のレリーフが施され、仏塔
は方形で平面的なのが特徴。

地方の町での足には
ソンテウが便利

ソンテウは小・中型トラックの荷台に
ベンチを設置した庶民の足。手を上げ
ると止まり、降車時にはベルを鳴らす。

イサーン料理は
病みつきになる辛さ！

タイ各地の郷土料理も楽しみの一つ。本
格的なイサーン料理にも挑戦してみよう。
代表的な料理はソムタム（青パパイヤの
サラダ）、ガイ・ヤーン（鶏の炙り焼き）、
イーサンソーセージなど。

 おまけネタ

ウドーンターニーから東へ50kmに位置する、先史時代のバンチェン遺跡。遺跡からは人骨とともに大
量の土器が出土された。発掘された出土品はバンチェン国立博物館で展示されている。また、発掘時の
状態を保存している遺構も見学することができる。1992年には世界遺産に登録された。

絶景 54 南アフリカ共和国 ［動物体験］

ボルダーズビーチの
ペンギン見学

ペンギンが接近することも！
1羽1羽から目が離せないっ

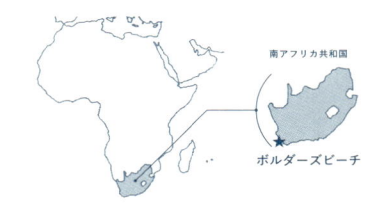

南アフリカ共和国

ボルダーズビーチ

絶景への
ご案内

ヨハネスブルグのオリバータンボ国際空港などで飛行機を乗り継ぎ、ケープタウン国際空港に到着。絶滅危惧種にも指定されている、アフリカペンギンが生息するボルダーズビーチへは、ケープタウンから車で南下すること約30分間のドライブ。最寄りの町、サイモンズタウンを通り抜けると、間もなく左手にフォルス湾に臨むボルダーズビーチが現れる。駐車場に車を停めて、いよいよキュートなペンギンたちとご対面だ。

ぼくたちの鳴き声は
ロバに似てるんだって

たとえばこんな旅 ▶ 3泊6日

1日目	成田 → 香港で乗り継ぎ → （機中泊）
2日目	ヨハネスブルグで国内線に乗り継ぎ → ケープタウン（ケープタウン泊）
3日目	車でボルダーズビーチへ → 自由行動・ペンギンの愛らしい姿を堪能したあと喜望峰へ（ケープタウン泊）
4日目	自由行動・テーブルマウンテンからケープタウンを一望、夕方からサンセットクルージングを楽しむ（ケープタウン泊）
5日目	ケープタウン → 国内線でヨハネスブルグへ（機中泊）
6日目	香港で乗り継ぎ → 成田着

👍おすすめ！
K−子たんさん
えーっ、こんなにペンギンたくさんいるの！と、思わず叫んでしまった。よ〜く見るとペンギンって1羽1羽、顔も違うんですね。

おすすめの季節

12月から1月

地中海性気候のケープタウンは、年間を通して温暖。11〜3月が乾季で4〜10月が雨季となる。ケープタウン近郊の海沿いは、雨が少なく暖かい11〜3月が旅行しやすいシーズン。

旅の予算

約20万円から

ケープタウンのホテルの宿泊料金は1泊約1万円〜。レンタカー代は約9000円（2日間）〜。ボルダーズビーチ入場料は約450円、サンセットクルージング料金は約3000円〜。

旅のポイント

入場料を払ってメインゲートを入る。遊歩道が海岸につくられており、間近にアフリカペンギンたちを見ることができる。入場可能な時間は、12〜1月は7時〜19時30分、2〜4月と10〜11月は8時〜18時30分、5〜9月は8〜17時。また1〜4月はペンギンの産卵期、5月頃はふ化した赤ちゃんペンギンが見られる。なお、現在ケープタウン付近は危険情報がでているので安全には注意を。

南アフリカ初の
ワイナリー
当地にできた初のワイナリー、グルート・コンスタンシア。1685年に建てられた美しいマナー・ハウスは必見。

ぜひ立ち寄りたい、
歴史あるサイモンズタウン
17世紀、オランダ東インド会社の港がつくられたことで町が発展。セント・ジョージ通りには築150年を超える建物もある。港にあるバーサズレストランは南アフリカ料理とシーフードが味わえる。

©南アフリカ観光局

©南アフリカ観光局

眼下に広がる素晴らしい
眺望にきっと感激
ケープタウンの象徴、テーブルマウンテン。頂上にはレストラン、展望台や遊歩道がある。山にはロープウェイで行くほか、ハイキングやロック・クライミングなどが楽しめるルートもある。

車の運転が不安な人は、ケープ半島を回る現地ツアーに参加して、ボルダーズビーチに行く方法も。喜望峰やサイモンズタウン、ボルダーズビーチなど主要な観光地を半日で訪れる。日系旅行代理店や現地ツアーのサイト（英文）から申し込み可能。

絶景 55　まつだい芝峠温泉の雲海鑑賞 ［自然体験］　新潟県

まつだい芝峠温泉にある「雲海」は、新潟県南部・十日町市の標高約380mの高台にある温泉旅館。寒暖差の激しい春秋の早朝などに、近くの渋海川から発生した霧が盆地に溜まり、旅館周辺に雲海が発生する。特に露天風呂からの眺望が美しく、良質な温泉に浸かりながら朝日に照らされた雲海を眺める体験は筆舌に尽くしがたい。雲海が出ない日でも、眼下に悠大な魚沼連峰や棚田を望むことができる。

まつだい芝峠温泉の雲海鑑賞

良質な温泉と雲海の絶景で身も心もリラックス

新潟県
★
まつだい芝峠温泉

絶景への ご案内

東京駅から上越新幹線とほくほく線を乗り継いで、まつだい駅までは約2時間20分。まつだい駅からは車に乗り換え、約7分でまつだい芝峠温泉「雲海」に到着する。宿泊するなら送迎サービスを利用することもできる（要問い合わせ）。車なら、関越自動車道六日町ICを降りて、国道253号線、県道12号線、県道219号線を走れば約50分で「雲海」に到着する。駐車場の収容台数は70台で、無料。

まつだい芝峠温泉「雲海」
新潟県十日町市蓬平11-1
025-597-3939
http://shibatouge.com

たとえばこんな旅 ▶ 2泊3日

1日目　東京 → 新幹線と電車で十日町へ
　　　　（まつだい芝峠温泉「雲海」泊）

2日目　早起きして雲海見物に挑戦
　　　　→ 棚田見物や山歩きを楽しむ（まつだい芝峠温泉「雲海」泊）

3日目　早起きして雲海見物に挑戦 → 十日町散策 → 電車と新幹線で帰宅
　　　　→ 東京着

棚田の絶景撮影ポイントへ
案内してくれる宿泊プランも！

おすすめの季節

春と秋

雲海は、朝晩の寒暖の差が激しい春と秋に出やすいので、おすすめは春と秋。ただ、十日町には美しい棚田が多く、緑に染まる夏の棚田や雪に覆われた冬の棚田も見応え十分。その意味では、通年楽しめる。

旅の予算

約3万円から

まつだい芝峠温泉「雲海」の宿泊料金は1泊6200円〜（素泊まり）。

旅のポイント

日帰り入浴もできるが、雲海は早朝に出やすいので、宿泊するのがおすすめ。露天風呂で見るのは最高だが、館内のさまざまなところでも雲海は楽しめる。廊下には撮影用の小さなブースも用意されているので、ガラス越しではない"生"の雲海をカメラに収めることもできる。雲海のほかにも、周辺の棚田見学やブナ林散策もおすすめだ。

MORE FUN!

刻々と表情を変える日本一の棚田！

「雲海」から車で30分ほどの星峠の棚田は、四季折々、朝昼晩とさまざまな表情を見せ、日本一の棚田といわれる。星峠は2009年NHK大河ドラマ「天地人」のオープニングにも登場した有名スポットだ。

日本三大峡谷のひとつ清津峡を見物

黒部峡谷、大杉谷とともに日本三大峡谷とされる清津峡も、「雲海」から車で約50分の距離。全長750mの歩道トンネル「清津峡渓谷トンネル」があり、4か所の見晴所から手軽に勇壮な峡谷の姿を見ることができる。

夜空に舞う1000個の"灯籠"

スカイランタンの打ち上げが人気のつなん雪まつり。会場までは、「雲海」から車で約1時間。

おまけネタ

「雲海」のある越後妻有地域（十日町市と津南町）は、3年に1度行われる世界最大級の国際芸術祭「大地の芸術祭」の舞台。開催年以外でも、常設のアートや里山をめぐるツアーを実施するほか、越後妻有里山現代美術館「キナーレ」やまつだい「農舞台」などの施設でも多彩なイベントや企画展を行っている。

NYタイムズスクエアのカウントダウン（アメリカ）

text：詩歩

世界一の年越しって、どんな感じなんだろう？
それが行われるのは、NYタイムズスクエア。付近一帯の道路が封鎖され、世界中から100万人もの人が集まり、その生中継は1億人が視聴すると言われています。しかし、この世界一のカウントダウンに行くのを、わたしはずっと踏躇していました……。

2015年12月31日13時。準備を整えたわたしと友人は、年越しを迎えるタイムズスクエアの最寄り駅へ向かいました。もう一度言います。**13時です。** 年越しは深夜0時なのに、その時間から場所取りが必要なのです！　午後からは徐々に警察による通行規制がなされ、ビルに近いエリアには入れなくなってしまうからです。
駅についたのが14時。そこで2015年最後のトイレへ。**もう一度言います。14時に最後のトイレです。**
このイベント会場、実はトイレがありません。極寒の冬、10時間超もトイレ無し。結局使用しませんでしたが、お守り代わりに20数年ぶりにおむつを装着したのでした。

無事に場所を確保できたわたしたちですが、ここからが大変。寒空の下、ひたすら待機しなければなりません。この年はテロが警戒されており、カバンも一切持ち込みNG（持ってきた場合は強制廃棄）。暇つぶしもできません。時間の針って、こんなに進むのが遅かったっけ……。
せめてもの救いで、毎時0分には各国の新年をお祝いする瞬間があるので、「あと8時間」「あと6時間」と、カウントダウンしながら、その時を待ちます。
辺りが暗くなってくると、アーティストのライブがスタート。洋楽を聞かないわたしですが、それでも周囲が盛り上がってくるにつれて、テンションがローからハイに切り替わります。その頃には、見渡すかぎりの人の海。1km先まで人の波は続いているそうです。ひぇー!!

「2016」メガネを購入して、セルフィー！
テンションはすでにMAX！

そして、待つこと9時間超。ついに、「あと30分」の文字が！　司会者も出てきて、風船やグッズも配布され、超お祭りモードに。ここからは、早送りで世界が回っているかのように、時計の針がどんどん進んでいきます。
カメラの設定を見直しているうちに「あと15分」。どうやってその瞬間を迎えよう……あんなに時間があったのに、直前になると焦りばかり感じます。
「あと5分」。100万人の興奮がまるで目に見えるように高まってくるのがわかります。それにつられて、わたしもテンションがオーバーして、涙が出てしまいそう。
「4分半」「3分」「1分」……。「30秒」から、100万人のカウントダウンの合唱が始まります。「3……2……1……Happy New Year!!!!!!!!」（後半は声にならない）

新年とともに空から大量のカラフルな紙吹雪が降り、金色のテープが空を舞い、ディスプレイが煌めきます。その光景は、まるで神様が巨大なクラッカーで、過酷な時間に耐えたわたしたちを祝福してくれたかのようでした。

年越しの1秒のための、過酷な10時間。
間違いなく世界一楽しい1秒だ、と思いながら、寒さに耐え切れずホットチョコレートを買いに走ったのでした。

大人用おむつを吟味。恥ずかしいけれどお漏らしすることを思えば……。

カウントダウンの動画は
Instagramでチェック！
https://www.instagram.com/p/__ckA6KCyX/

※アクセス方法など、この絶景体験についての
　詳細はp147を参照。

絶景 56　ヴィクトリア・ハーバーの夜景クルージング［ウォーターアクティビティ］　中華人民共和国（香港）

ヴィクトリア・ハーバーは九龍半島と香港島の間にある港。両側に林立するビル群の夜景は、「100万ドルの夜景」として名高い。毎晩音楽とレーザー光線によるイベント「シンフォニー・オブ・ライツ」も開催され、「世界最大の光と音のショー」としてギネスブックに認定されている。湾内には夜景やイベントを楽しむ遊覧船が運航しており、海上に煌めく夜景に囲まれながらクルーズを楽しむことができる。

絶景 <u>57</u>　NYタイムズスクエアのカウントダウン［イベント］　アメリカ

　NYタイムズスクエアで行われる世界最大級の年越しイベント。年明けと同時にタイムボールが落下する「ボールドロップ」がメインイベントで、会場には約100万人が集まり、その生中継は世界中で10億人以上が見ると言われている。当日は大混雑するため、よい位置で楽しむには昼から待機しなくてはならず、寒さや疲労は過酷を極める。それでも100万人と年越しの瞬間を共有する体験は、まさに興奮の一言。

ヴィクトリア・ハーバーの
夜景クルージング

100万ドルのまたたく夜景を
いろいろな角度で鑑賞しよう

ヴィクトリア・
ハーバー

絶景への
ご案内

香港国際空港からエアポートエクスプレスで九龍駅まで約20分。そこからタクシーで10分ほどでクルーズ船の主な発着所となる尖沙咀に到着。夜景見物は、1960年代の漁船をイメージした帆船「アクア・ルナ」でのクルージングが人気で、とくにおすすめなのが、尖沙咀19時30分発のクルーズ。ヴィクトリア・ハーバーでは20時に、湾岸に建つ高層ビル群が、音楽やナレーションに合わせて夜空にレーザーやサーチライトを放つ「シンフォニー・オブ・ライツ」が開催されるが、19時30分発の便なら、その様子を船上から眺めることができる。

たとえばこんな旅 ▶ 2泊3日

1日目	成田 → 香港（香港泊）
2日目	香港観光、夜はナイトクルーズを楽しむ（香港泊）
3日目	香港 → 成田着

🔊おすすめ！　Kikuさん
密集したビルの窓灯りがキラキラ輝いて、ほんとうにきれい。動いている船から見ると、風景が刻々と変わり、ヴィクトリア・ピークから見る夜景とはまた違う美しさがありました。

©winhorse

香港島と九龍を結ぶスター・フェリーは、1888年から続く名物船。

ブルース・リーと
記念撮影！

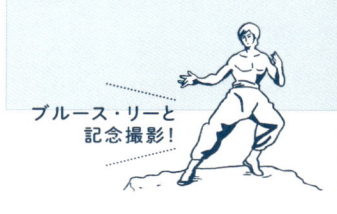

おすすめの季節

通年

日本に比べ、気温も湿度も高い。3〜5月中旬、9月下旬〜12月上旬は過ごしやすい。7〜8月は蒸し暑く、台風シーズンでもある。12月〜2月下旬は冬だが、極端に寒い日はあまりない。どの季節も薄手のジャケットを持っていくと便利だ。

旅の予算

約4.5万円から

香港国際空港から九龍までのエアポートエクスプレス料金（往復）は約2500円、「アクア・ルナ」ナイトクルーズ（シンフォニー・オブ・ライツ見物付き・所要時間約45分）の料金は約4000円、香港のホテルの宿泊料金は、1泊約4000円〜。

旅のポイント

アクア・ルナのクルージングは香港島の中環から乗ることもできる（夜景クルージングの便だと19時45分発）。サンセットクルージングも催行されており、尖沙咀発18時30分（中環発18時45分）で、約2800円だ。土・日曜はビル群の灯りが少ないので、平日に乗るのがおすすめ。アクア・ルナの予約は下記サイト（英文）より可能。
http://aqualuna.com.hk/reservation/booking

のお楽しみ
MORE FUN！

©fazon1

もうひとつの絶景ポイント
ヴィクトリア・ピーク

香港島のヴィクトリア・ピークからの眺めも素晴らしい。1888年に開通したケーブルカーで山頂へ。山頂駅に直結したピーク・タワーのスカイテラス展望台からの眺望は圧巻だ。

©aluxum

香港のパワースポット
で運気アップ！

尖沙咀からMTRで20分くらいのところにある嗇色園黄大仙は、香港でもっとも有名な寺院のひとつで、定番の開運スポット。占いも当たると評判で、100以上の占いブースがある。日本語OKの占い師さんもいる。

©orpheus26

パワフルな夜の香港を
散歩しよう！

午後になると、徐々に露店が増えてくる九龍の下町エリア。なかでも旺角エリアにある通称「女人街」は、1kmほどの道に露店がぎっしり。小物や香港らしいグッズが多くて楽しい。ただし、手荷物にはくれぐれも注意を。

おまけネタ

香港を代表する乗り物が、2階建ての路面電車のトラム。1904年開通と歴史は古く、香港の公共交通機関として長年市民に愛されてきた。中環や銅鑼湾など、繁華街も一通りカバーしているので、観光にも便利。どこからどこまで乗っても料金は30数円程度と、非常に安いのもうれしい。

絶景 57 アメリカ [イベント]

NYタイムズスクエアの
カウントダウン

世界一の年越しイベントは
世界一キツくて楽しい!?

NY
タイムズ
スクエア

アメリカ

絶景への
ご案内

ジョン・F・ケネディ空港に着き入国審査を終えたら、タイムズスクエアのあるマンハッタン・ミッドタウンに向かおう。空港からターミナル間を結ぶ、エアトレインでジャマイカ駅行きに乗ってジャマイカ駅で降り、地下鉄E線に乗り換え42st.ポート・オーソリティ・バスターミナル駅で下車する。タイムズスクエアはこの駅から東に徒歩5分ほどだが、カウントダウン当日、42St駅は非常に混雑するので、避けたほうが賢明。ひとつかふたつ隣の駅から歩くようにしよう。

💬 **おすすめ！** Ayaka Tamura さん
長い待ち時間は決して楽ではないけれど、みんなで叫んだカウントダウンの一体感とあの景色は、一生忘れられません！

たとえばこんな旅 ▶ 3泊5日

1日目	羽田 → 上海で乗り換え → ニューヨーク（ニューヨーク泊）
2日目	自由行動・昼頃には地下鉄でタイムズスクエアに移動して場所取り → 深夜にカウントダウンで燃え尽きる（ニューヨーク泊）
3日目	自由行動・街を散策しながら「トップ・オブ・ザ・ロック」から新年のニューヨークを一望 → 夜はブロード・ウェイでミュージカルを鑑賞（ニューヨーク泊）
4日目	ニューヨーク →（機中泊）
5日目	上海で乗り換え → 羽田着

世界一の
カウントダウンに
ようこそ！

おすすめの季節

12月31日

ニューイヤーズイブのイベントのスタートは15時頃から。カウントダウンは23時59分から始まり、24時まで1分間。すべてが終了するのは24時15分頃。ニューヨークの冬はかなり寒くなるので防寒対策を。

旅の予算

約15万円から

ニューヨークのホテルの年末年始の宿泊料金は1泊約2万円〜。

旅のポイント

場所取りは基本早い者勝ち。当日は遅くとも昼頃までには会場に着きたい（p143参照）。ボールドロップが間近に見られるW.42stからW.45stの間と、例年、20時から超有名アーティストのライブが行われるブロード・ウェイと7thが交差するあたりがベストポイント。なお一回会場の中に入るとトイレに行けないので、注意を。

+α のお楽しみ

MORE FUN!

マンハッタンと
ブルックリンを繋ぐ橋

1883年に開通した、ブルックリンとマンハッタンを結ぶ重厚で美しいブルックリン橋。マンハッタンから歩いて渡ることができ、ダンボに至る。ダンボは個性的なショップが並ぶ人気のエリア。

\HEY! YOU!/

NG

カウントダウンはなるべく身軽に

当日は手荷物検査が行われる。バックバックなどの荷物は持って入れないのでなるべく手ぶらに近い状態で。

元旦は展望台から
NYを一望！

ロックフェラー・センターの屋上「トップ・オブ・ザ・ロック」の70・69階からの眺望は最高。南正面にエンパイヤ・ステート・ビル、北側にセントラルパークを望む清々しい景色は新年にぴったり。

おまけネタ

ボールドロップが見られる位置にあるオリーブガーデンや、ババ・ガンプ・シュリンプなどのレストランが、31日から1日にかけてパーティーを開催することがある。寒いのも並ぶのも嫌という人は、そのチケットを事前購入してカウントダウンに参加する方法も。ただしチケット入手の競争率は高く、値段も相当な額になる。

絶景 <u>58</u>　　ドロミティでのハイキング［フィールドアクティビティ］　イタリア

ドロミティはイタリア北部、オーストリア国境沿いにある広大な山岳エリア。天を突き刺すような雄々しい
山々が特徴で、数多くのトレッキングコースが開発されている。中でもフネス渓谷から眺めるサンタ・マッダ
レーナ村とカイスラー山群は、白い岩肌と緑のコントラストが美しい。初夏には数多くの高山植物を観察で
き、秋には紅葉も楽しめる。2009年にはドロミティ内9つのエリアが世界遺産に認定された。

ドロミティでのハイキング

本当に実在するの？
絵葉書のような桃源郷

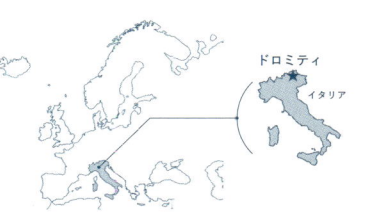

ドロミティ
イタリア

絶景への
ご案内

ドロミティでのハイキングの起点となるボルツァーノまでは、ボローニャ駅から鉄道トレタニア（fs）線で約2時間40分。カイズラー山群の眺めが美しいサンタ・マッダレーナ村へは、ボルツァーノから列車でブレッサノーネまで行き、そこからSAD社のバスに乗り換える。30分ほどバスに揺られると、サンタ・マッダレーナ村に到着する。バス停からは案内の看板に従って、風景を楽しみながらハイキング。お目当ての絶景ポイントに到着する。

7～9月は
エーデルワイスが
見られるかも！

たとえばこんな旅 ▶ 4泊6日

1日目	成田 → モスクワで乗り継ぎ → ボローニャ（ボローニャ泊）
2日目	ボローニャ → ボルツァーノへ・街を散策（ボルツァーノ泊）
3日目	ボルツァーノ → サンタ・マッダレーナ村へ・ハイキングを楽しむ → ボルツァーノ（ボルツァーノ泊）
4日目	ボルツァーノ → ドロミティの山々をハイキング → ボルツァーノ（ボルツァーノ泊）
5日目	ボルツァーノ → ボローニャ → モスクワで乗り継ぎ → （機中泊）
6日目	成田着

📣行きたい！
詩歩
山ガールのわたし。日本ではあちこちでトレッキングしましたが、国外はこれから。海外デビューするならココでしたい！

おすすめの季節

6月下旬から
10月頃

6～8月がベストシーズンだが、9～10月も比較的晴天率が高く、紅葉も楽しめる。山岳部のハイキングは、6月下旬～雪が積もる前の9月下旬までに。日中の寒暖差が激しいので、防風の上着があるとよい。

旅の予算

約13万円から

ボローニャのホテルの宿泊料金は1泊約6000円～、ボルツァーノのホテルの宿泊料金は1泊約8000円～。

旅のポイント

ベビーカーを押しながら登れる初心者コースから重装備の登山家も満足させる上級コースまで、ドロミティには数多くのハイキングコースがある。そのため、自分に合ったコースを選ぶことが、ハイキングを楽しむ一番のポイントだ。お花畑が見たい場合は、7月上旬がおすすめ。

＋αのお楽しみ

MORE FUN!

迫力満点の
テレキャビン

標高3181mの名峰・サッソルンゴを登る、立ち乗りリフトのテレキャビン。15分の空中散歩ができる。

オーストリアやドイツの文化が
色濃く残るボルツァーノ

旧市街にはチロル風の建物も多い。写真はボルツァーノの中心となるヴァルター広場。駅の近くからロープウェイに乗って標高約1200mのソプラボルツァーノへ行くのもおすすめ。そこからレノン鉄道という山岳鉄道も出ている。

©Fototeca ENIT

©Fototeca ENIT

ドロミティ山塊の"東の玄関口"
コルティナ・ダンペッツォ

"西の玄関口"として知られるボルツァーノとは、ドロミティ街道でつながっている。街は勇壮なドロミティの山塊に囲まれており、ロープウェイなどで山を登ったり、ハイキングを楽しんだりできる。

おまけネタ

ボルツァーノの考古学博物館では、1991年に氷河で発見された、アイスマンと呼ばれる凍結ミイラを見学することができる。アイスマンは猟師の姿をし、背中に傷があることから、狩りの途中で誤って仲間の弓矢に当たったとも、戦いで死亡したともいわれている。

ベネチアのゴンドラ遊覧

ゴンドラで進むこの水路は中世の街へと続いていそう

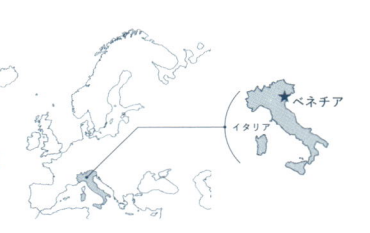

 絶景への
ご案内

ベネチア・マルコポーロ空港からバスでベネチア本島の入口、ローマ広場まで行く（約20分）。ベネチアの中心、サン・マルコ広場までは、ヴァポレットと呼ばれる乗り合い船に乗り換えて約40分。サン・マルコ広場北側のオルセオロ運河など、ベネチアの運河沿いのあちこちにゴンドラ乗り場がある。ゴンドリエーレ（ゴンドラ漕ぎ）が客待ちをしているので、事前に値段交渉をして乗り込もう。ゴンドラによってコースが違うので、乗船前に確認を。通常、所要時間は40分程度。

たとえばこんな旅 ▶ 3泊5日

1日目	成田 → モスクワで乗り継ぎ → ベネチア（ベネチア泊）
2日目	ヴァポレットでベネチアの名所めぐり（ベネチア泊）
3日目	ベネチアの街を散策 → 夕陽を見ながらゴンドラ遊覧（ベネチア泊）
4日目	ベネチア → モスクワで乗り継ぎ（機中泊）
5日目	成田着

ゴンドラから見ると
景色も違って見えます！

☛おすすめ！ Showeさん
狭い露地と運河が縦横無尽に走り、人々の普段着の暮らしと歴史的建造物が同居している街。バスもタクシーも船で、家々の前では縦列駐車ならぬ"縦列駐船"。見たことのない風景ばかりで、テンションは上がりっぱなし。"ゴンドラ目線"で見る街もおもしろかったです。

ゴンドラは狭い運河もスイスイ。

おすすめの季節

通年

気候のよい4～6月と9～10月がベストシーズンだが、季節ごとに楽しみがある。冬には仮装で有名なベネチア・カーニバルが開催される。2017年の開催日は2月11～28日。冬は冷えるので防寒対策を。

旅の予算

約9.5万円から

空港からローマ広場までのバス料金（往復）は約2000円、ゴンドラの基本料金は1隻（6人乗り・40分）約1万円、ベネチアのホテルの宿泊料金は1泊約7000円～。

旅のポイント

ゴンドラの基本料金1万円は、1隻（6人乗り）あたりの値段なので、人数が増えれば安くつく。19時以降は夜間料金となり、40分で約1万3000円。ただし、この金額はあくまで目安なので、事前にしっかり料金交渉を。ゴンドラに乗ってカンツォーネを楽しむ現地ツアーなどもあり、交渉などが不安な場合はこちらに申し込んでも。

MORE FUN!

路地を縫って街を歩こう
ベネチアは歩いても十分に楽しめる街。狭い露地を縫うように歩けば、この街に暮らす人々の普段の生活を垣間見ることができる。絵になる風景がとても多いので、カメラを忘れずに。

"仮装カーニバル"でタイムトリップ?!
街中がマスクと華麗な衣装をまとった人々であふれかえるベネチア・カーニバル。歴史的建造物とあいまって、中世にタイプトリップした気分に。サン・マルコ広場界隈では有料でカーニバル・メイクをしてくれる人も。

街全体が世界遺産！
見どころ満載のベネチア
サン・マルコ広場、サン・マルコ大聖堂（写真）、ドゥカーレ宮殿、アカデミア美術館等々、名建築が目白押しなので、予習は必須。サン・マルコ広場の鐘楼に登れば、街とラグーナ（干潟）が一望できる。

 おまけネタ

ヴァポレット1番（LINEA1）の"各駅停車"に乗ると、ゆっくり風景が楽しめる。停留所は、かつて金箔が施され、黄金の館と呼ばれてきたカ・ドーロや、アカデミア美術館など名所揃い。とくに初日に乗ると、ベネチアの地理がなんとなく理解できるようになるので、旅がさらにおもしろくなる。

絶景 59　ベネチアのゴンドラ遊覧 ［ウォーターアクティビティ］　イタリア

ベネチアはイタリア北東部にある都市。5世紀頃アドリア海の干潟に築かれた貿易都市で、中世には首都として栄えた。100を超える島々の間を約150の運河がめぐり、400もの橋で結ばれている。交通手段は徒歩と船のみと、正真正銘の「水の都」であり、特にゴンドラに乗って街の水路をめぐるツアーが人気。ゴンドリエーレ（ゴンドラの漕ぎ手）が操るゴンドラに揺られながら、水面から美しい街並みを堪能したい。

絶景体験を楽しむコツ

text:詩歩

絶景を体験するなら、ベストな状態のときを狙いたい！
でも、海外での予約方法や、スケジュールの組み方がわから
なかったり、体力が心配だったり……と不安な部分も。
そんなみなさんに、私が絶景を体験するために心がけている
ポイントをご紹介します。

絶景体験のプランニングのコツ

絶景の一番美しい姿を見るためには、タイミングが重要。
時期や時間帯、場所選びがカギとなります。

フィールドアクティビティ

特にトレッキングは天候が重要となります。その土地の気候により
ますが、初心者は天候が不安定な春よりも秋を選んだほうがベタ
ー。紅葉も楽しめます。もし、高山植物や花がお目当ての場合は
開花時期にあわせて。雪山を見ながらトレッキングしたい人は春
がおすすめ。体力に自信がないなら、高山病対策に高度順応用の
予備日を作るのも◎。

ウォーターアクティビティ

気候によって様々ですが、ダイビングやシュノーケリングなど水に潜る場合
は、やはり水温の高い夏がベスト。人が少なく、魚も元気な朝イチの時間帯
を狙いましょう。通年で体験できるのは、クルージングやウォーターボール
（p132）。ウォーターボールは、寒い季節のほうが、水が澄んでいるため、水
中生物を観察しやすいというメリットも。

スカイアクティビティ

こちらも天候第一！　気象状況によっては中止になる場合もあるので、天候
がよくないと実施できないアクティビティの場合は、予備日を設けておくと
安心です。気球やパラグライダーなどは午前中がおすすめ。天気や地形にも
よりますが、朝方のほうが、空気が澄んでいるので景色がきれいに見えます。

街歩き

ゆっくり街歩きを楽しみたい人は、早朝がおすすめ！　団体旅行客が少ない
うえ、通勤・通学する人やお祈りをする人など、現地の人の朝の生活を垣間
見ることができます。写真撮影も、太陽が高く昇る前のほうが、影があまり
出ないので明るく撮ることができます。

イベント

お祭りや花火大会などは、開催日しか見られない貴重な体験！　よりきれい
な絶景を見るためには、場所取りが大切です。過去、同じイベントに参加し
た人のブログなどを見て、何時から、どこで場所取りをしたのかを調べてみ
ましょう。その他にも、カメラマンがいる場所は見やすいスポットであるこ
とが多いので、それを目安にしても。

自然体験

タイミングが最も難しいのが、自然が創り出す絶景。天候によって時期が変わったり、見られないことも。余裕を持って旅程を組んで、旅行日が近くなったら、現地を旅している人のSNSなどをチェック。リアルタイムの情報を入手しましょう。天体観測は、星やオーロラの明かりを遮るものが少ない日・場所を探すことが大事。空気が澄んだ寒い季節の、新月の日付近を狙いましょう。あとは街灯が少ない場所を探し、目を暗順応させたら、準備万端。

動物体験

比較的時期に左右されず、通年体験できることが多いので、スケジュールを組みやすいアクティビティです。

絶景体験を申し込むには

航空券と同じように、アクティビティも個人でも手配しやすくなりました。同時に、ユニークな体験ができるツアーも増えています。

1 日本から パッケージツアー に参加する

旅慣れていない場合や、外国語に不安のある方は、プロにまとめて頼むのが一番安心！ 航空券やホテルの予約に悩む必要もありません。怪我や心配事があっても日本のツアーガイドさんがサポートしてくれるから安心です。有名観光地の場合は、バラバラに手配するよりも安く上がることも。

2 現地発着ツアー に参加する

自分の行程に合わせて好きなときに好きな体験ができます。最近は、現地ツアーを予約できる日本語のサイトもあり、天候をチェックしてから直前に予約することも可能です。車の送迎もセットになっていることが多く、移動手段がない人でも安心。さらに現地価格なのでリーズナブルなのがうれしい！

3 自分で直接 予約する

ツアーでぞろぞろ行くのはイヤ、という人は自分で現地のアクティビティ会社のサイトから予約する手も（現地語または英語でのやりとりが必要なことが多いです）。海外は予約システムが脆弱なこともあるため、必ず予約票を印刷して持参すること。レンタカーを借りるなど、現地での移動手段がある人や、ゆっくり写真撮影をしたい人におすすめです。

おすすめの予約サイト

VELTRA（ベルトラ）
www.veltra.com/jp/

世界最大級の現地ツアー予約サイト。世界300都市の1万種類以上のツアーを取り扱う。日本語サイトもあるので使いやすい。

asoview!（アソビュー！）
www.asoview.com

日本最大級のアクティビティ情報サイト。国内のアクティビティを探し、予約するのにおすすめ。

たびのたつじん
tabitatsu.jp

現地在住の日本人がガイドしてくれる、海外のアクティビティ予約サイト。世界80都市で展開。英語が不安な人でも使いやすい。

明日は何して遊ぼうかな

絶景体験別さくいん

写真提供

YASUAKI KAGII／SEBUN PHOTO／amanaimages <p88>
AGE FOTOSTOCK／アフロ <p92>
Per-Andre Hoffmann／アフロ <p93>
Nanut Bovorn／Getty Images <p96〜97>
澤野新一朗／アフロ <p101>
山梨勝弘／アフロ <p109>
Ryan Deboodt／アフロ <p112〜113>
SAN／a.collectionRF／amanaimages <p116〜117>
Bertrand DELAPIERRE／アフロ <p120>
REX FEATURES／アフロ <p124>
KONO KIYOSHI／アフロ <p125>
川原泰寛 <p128〜129>
fujiyung／PIXTA（ピクスタ）<p133>
タイ国政府観光庁 <p136>

オズマガジントリップ／七咲友梨（Yuri Nanasaki）
　　<p140〜141>
Entertainment LLC. <p145>
MASAHIRO SATO／SEBUN PHOTO／amanaimages
　　<p148〜149>
PIXTA
Pixabay
photolibrary

取材協力
星野リゾート

Profile

詩歩（Shiho）
「死ぬまでに行きたい！世界の絶景」プロデューサー

1990年生まれ。静岡県浜松市出身。早稲田大学卒。
2012年、新卒入社した会社の研修で作成したFacebookページ「死ぬまでに行きたい！世界の絶景」が70万以上のいいね！を獲得。2013年に同名書籍化され、Amazon総合ランキング1位、オリコン2014年度写真集ランキング1位を獲得するなど話題に。2014年には2作目となる「同・日本編」、2015年には「同・ホテル編」を出版し、アジア各国でも翻訳版が発売されている。これらもヒットを博し、"絶景"というワードは2014年のユーキャン・流行語大賞にもノミネートされるほどのブームとなった。現在はフリーランスで活動し、旅行商品のプロデュースや企業とのタイアップなどを行っている。

Facebook	https://www.facebook.com/sekainozekkei
Twitter	https://twitter.com/shiho_zekkei
Instagram	https://instagram.com/shih0107/
Official Blog	http://shiho.me
Official Site	https://zekkei-project.com
Contact	http://zekkei-p.com　（お問い合わせはこちら）

死ぬまでに行きたい！世界の絶景　体験編

2016年8月5日　発行

著　　　者	詩歩	
発　行　人	塩見正孝	
発　行　所	株式会社三才ブックス	
	〒101-0041	
	東京都千代田区神田須田町2-6-5	
	OS85ビル3F＆4F	
	電話 03-3255-7995（代表）	
	FAX 03-5298-3520	

印刷・製本　　株式会社山田写真製版所
プリンティングディレクター
　　　　　　村田治作（株式会社山田写真製版所）
協　　　力　　板倉利樹（株式会社山田写真製版所）
デザイン　　平塚兼右、平塚恵美（PiDEZA Inc.）
本文組版　　長谷愛美、矢口なな（PiDEZA Inc.）
イラストレーション
　　　　　　鈴木みの理（PiDEZA Inc.）
編　　　集　　野田りえ、山内章子、木村ゆかり

Special Thanks
「死ぬまでに行きたい！世界の絶景」の
　ファンのみなさま
「おすすめ！」のコメントを寄せてくださった
　みなさま
Madoka Iwasaki
Asami Sawa
Momoko Takaya
Chiharu Hasegawa
Rika Shimomiya
ベリーズPRプロダックション・EPRP
謝明哲

本書の内容は2016年3〜6月現在の情報です。渡航情報や金額などは変動する場合があります。最新情報は外務省のWebサイトや、各国の観光局などで確認してください。

外務省　海外安全ホームページ
http://www.anzen.mofa.go.jp/

ISBN978-4-86199-890-4 C0026